冷めても絶品＆失敗ゼロのレシピ

科学的だからおいしい！お弁当のコツ

水島弘史

日本文芸社

CONTENTS

はじめに …………………………………… 5

おいしいお弁当には理由がある！

Point 1　塩はきちんと量る ………………… 6

Point 2　水気は取り除く …………………… 7

Point 3　火加減は弱火が基本 ……………… 8

　　　　　調理の基本「弱火」をマスター …… 9

お弁当をおいしくする　そのほかのポイント ……… 10

本書のレシピについて ……………………… 11

Part 1
冷めても絶品＆失敗ゼロの
肉おかず

肉調理の基本テクニック …………………… 13

肉おかずのお弁当① ……………………… 14

豚肉のしょうが焼き ………………………… 16

　豚肉のオレンジソース [P.16の応用] ……… 18

　ポークピカタ [P.16の応用] ……………… 19

いんげんの肉巻き …………………………… 20

　アスパラの肉巻き照り焼き [P.20の応用] … 22

　いんげんとゆで豚のごまあえ [P.20の応用] … 23

豚肉と野菜の中華炒め ……………………… 24

　豚肉となすのピリ辛炒め [P.24の応用] …… 26

　豚肉と小松菜のハニーマスタード炒め [P.24の応用] …… 27

とんかつ ……………………………………… 28

　とんてき [P.28の応用] …………………… 30

　酢豚 [P.28の応用] ………………………… 31

肉おかずのお弁当② ……………………… 32

ハンバーグ …………………………………… 34

　ミートボール [P.34の応用] ……………… 36

　シュウマイ [P.34の応用] ………………… 37

鶏そぼろ ……………………………………………… 38
　麻婆豆腐　[P.38の応用] ……………………………… 40
　キーマカレー　[P.38の応用] ………………………… 41
チキンソテー ……………………………………… 42
　鶏の照り焼き　[P.42の応用] ………………………… 44
　鶏肉とカシューナッツ炒め　[P.42の応用] ………… 45
鶏ハム ……………………………………………… 46
　バンバンジー　[P.46の応用] ………………………… 48
　鶏の唐揚げ　[P.46の応用] …………………………… 49
手羽先の甘辛焼き ………………………………… 50
肉じゃが …………………………………………… 52
　牛肉の黒こしょう炒め　[P.52の応用] ……………… 54
　チンジャオロースー　[P.52の応用] ………………… 55

Part 2
冷めても絶品＆失敗ゼロの
魚おかず

魚調理の基本テクニック …………………………… 57
魚おかずのお弁当 …………………………………… 58
ぶりの照り焼き …………………………………… 60
鮭のピカタ ………………………………………… 62
　さわらの幽庵焼き　[P.60の応用] …………………… 64
　鮭のソテー　[P.62の応用] …………………………… 65
さばのみそ煮 ……………………………………… 66
あじフライ ………………………………………… 68
　えびフライ　[P.68の応用] …………………………… 70
　ほたてのごま揚げ　[P.68の応用] …………………… 71
えびとブロッコリーの炒め物 …………………… 72

この本では、調理工程を写真入りで説明するレシピと、
それと同じテクニックを応用してつくるレシピを紹介しています。

Part 3
冷めても絶品&失敗ゼロの
野菜・卵おかず

- 野菜調理・卵調理の基本テクニック ……… 75

- 野菜・卵おかずのお弁当 ……… 76
- 彩りをそえる常備野菜 ……… 78
- 手づくり特製ソース ……… 81
- 大根とにんじんの煮なます ……… 82
  - 小松菜の煮びたし ［P.82の応用］ ……… 84
  - ひじきの煮物 ［P.82の応用］ ……… 85
- ごぼうとれんこんのきんぴら ……… 86
- かぼちゃの煮物 ……… 88
- いんげんの白あえ ……… 90
  - さつまいもの煮物 ［P.88の応用］ ……… 92
  - にんじんのナムル ［P.86の応用］ ……… 93
- かぼちゃのサラダ ……… 94
  - 豆のサラダ ［P.94の応用］ ……… 96
  - 春雨サラダ ［P.94の応用］ ……… 97
- 桜えび入り卵焼き ……… 98
  - スペイン風オムレツ ［P.98の応用］ ……… 100
  - 煮卵 ［P.88の応用］ ……… 101

ごはん・パン・パスタのお弁当
- 五目炊き込みごはん ……… 102
- プロヴァンス風ごはん ……… 104
- 卵サンドイッチ ……… 106
- 冷製パスタ ……… 108

- 食材別INDEX ……… 110

はじめに

冷めてもおいしく、誰でも失敗しない料理を紹介しようとすると、
材料の重量をきちんとはかり
火加減をこまかく指定する、一見難しそうなレシピになります。

レシピの分量や切り方、火加減、調理のタイミングなどには
「なぜ、そうするのか」という理由が必ずあります。
この本でいえば、「おいしいお弁当の理由（裏付け）」です。

本書のタイトルにもある「科学的」とは、
その「おいしい理由」を、なるべく簡単に数値化して、
いつでも・誰でも再現できるように紹介していることを指しています。

もしも本書のレシピが少し面倒そうに見えてしまうとすれば、
おいしい理由を一つひとつ説明しているからこそ。
いざ挑戦してみれば、料理手順が特別に増えているわけではないことに
気づいていただけるはずです。

おいしい理由がわかれば、この本で紹介した料理だけでなく
いつもの料理もおいしくつくれるようになりますよ！

2017年9月
水島弘史

おいしいお弁当には理由がある！

おいしいお弁当にするには、いくつかの決め手があります。
どんなポイントに気をつけるとおいしくなるのか、
その理由とテクニックをご紹介します。

Point 1

塩はきちんと量る

おいしいと感じる塩加減は0.8％がベスト

　わたしたちが本能的に「おいしい」と感じる塩分濃度は、人間の体液の塩分濃度に近い、0.8％です。
　お弁当のおかずの場合は、冷めたときにおいしく感じるように、ほんの少し塩分を強めに味をつけます。
　塩の量は目分量や感覚に頼りがちですが、間違えると食材の水分を必要以上に取り除いてしまい、パサパサとしたかたい食感になったり、臭みが際立ってしまったりと、おいしさを損ねる原因にもなります。
　とっておきのおいしいお弁当をつくるなら、レシピ通りの分量と加えるタイミングを守って調理してください。

塩の量は、塩を加えるものの重量から算出し、計量スプーンできちんと量って加えましょう。

塩は、分量の加減がしやすい粒の細かいものがおすすめ。計量スプーンは0.5g、1gが量れるものを用意しましょう。

Point
2

水気 は取り除く
味を落とす原因になる余分な水気はふき取る

　料理はできたてがおいしいものですが、お弁当は冷めた状態でのおいしさが求められます。できたてではあまり感じなかった素材のアクや臭みは、冷めたときに強く感じることが多いので、調理中にしっかり取り除くことがポイントになります。

　食材は高温で加熱すると、表面の細胞が急激に壊れて水分だけが先に外に出てしまい、アクや臭みが外に出きらないうちに火が通ってしまうことがあります。

　アクや臭みといった雑味を取り除くには、弱火でじっくり加熱し、食材から出てきた余分な水分と油をふき取ることです。

肉や魚を弱火でじっくり焼いたあとに出てきた余分な水分や油には、アクや臭みが含まれているので、しっかりふき取りましょう。

Point
3

火加減 は弱火が基本
弱火調理にはおいしさを逃さない科学がある

　肉や魚、野菜などどんな食材を加熱するときも、火加減は弱火が基本。その理由は、食材に急激に熱を加えると、肉や魚（タンパク質）の場合は細胞が縮み、野菜の場合は細胞が壊れ、中にあった水分が一気に外に出てしまうから。肉や魚がかたくてパサパサになったり、野菜がベチャッと仕上がったりする原因です。

　弱火でじっくり調理すれば、水分を上手に残しながら加熱することができるのはもちろん、慌てずに作業ができ、失敗も少なくなります。

　ゆでる、揚げるなどの調理も、食材に加わる熱を弱火（ときには火を止める）でコントロールし、おいしさを損なわないようにします。

サッと焼きたくなる薄切り肉こそ弱火で焼きます。肉が縮むこともなく、ふっくらジューシーに仕上がります。

ゆでたり揚げたりするときの温度は、弱火でゆっくりと上げていき、ときには火を止めて管理します。温度計があると的確です。

調理の基本「弱火」をマスター

本書で紹介する、調理の火加減の基本は「弱火」です。
弱火の火加減を、ここでしっかり確認しておきましょう。

> 本書に出てくる基本の火加減はこの2つ！

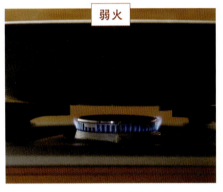

弱火

鍋底に炎の先がついていない状態。

→調理全般、この火加減が基本です。

弱めの中火

鍋底に炎の先がちょうどあたるかあたらないかくらいの状態。

→少し火を強めたいときの火加減です。

中火

鍋底に炎の先がちょうどあたっている状態。

→一般的には中火が基本とされますが、本書ではあまり出てきません。

強火

鍋底全体に炎があたっている状態。

→湯を沸かすとき、揚げ物の油の温度を上げるとき以外は使いません。

火を止めるのも火加減です

本書では「火を止める」というのも火加減のひとつです。食材の余熱で火を通すときなどは、タイミングよく火を止めることも調理のテクニックです。

Other Points

お弁当をおいしくする そのほかのポイント

おかずが完成したら、あとはお弁当箱に詰めるだけです。
ごはんをおいしく炊くコツと、詰めるときの留意点をおさえておきましょう。

[冷めてもおいしいごはん]

米を炊くときに、はちみつを加えて炊くと、はちみつの酵素が米のデンプンを糖に分解するため、米の甘みが際立ちます。また、はちみつが米の保水性を維持するため、ふっくらと炊き上がります。

分量は、米1合に対して、はちみつ小さじ1が目安です。

はちみつは、炊くときに加える水に溶かしておきましょう。

[よく冷ましてから詰める]

おかずが熱いうちに詰めると、湯気が水滴になってお弁当箱やふたにつき、おかずが水っぽくなります。ごはんやおかずは、よく冷ましてから詰めるのが基本です。

また、お弁当箱の中がほんのり温かかったり、汁気が残っていたりすると、細菌が繁殖しやすい環境に。傷みにくいお弁当にするためにも、注意しましょう。

おかずはよく冷ましてから詰めます。メインとなるおかずから詰めるとバランスがとりやすいでしょう。

本書のレシピについて

● 材料の分量表記について

材料の分量は、塩の量を正確に算出するために、重量（g）表記を基本としています。野菜などは目安量でも表記していますが、塩をはじめとする調味料は、材料の重量に対しての分量ですので、重量（g）を優先させてください。

サラダ油や調味料の計量スプーンで量ったときの重量の目安は以下になります。すべて小さじ1の重量です。大さじ1は3倍量です。

	小さじ1の重量
塩（精製塩）	6g
しょうゆ、みりん、みそ	6g
酒、酢、白ワインビネガー	5g
砂糖	3g
サラダ油、ごま油、オリーブオイル	4g

※塩や砂糖は、粒子の細かさによっても小さじ1のg数が変わってきます。
お手持ちの調味料の小さじ1杯分の重量を量っておくと、より正確になります。

● そろえておきたい道具について

計量スプーン
塩の分量を正確に量るために、1gが量れる小さい計量スプーンがあると便利です。

温度計
250℃くらいまで測れるデジタル表示のものがあると便利です。

はかり
0.1g単位で量れるものを使用しています。ボウルなどをのせてから表示を「ゼロ」にできる風袋引き機能があるものがおすすめ。

ポリ袋
食品用と表示されている、耐熱温度が100℃以上のものを使用しています。

- Part 1 -

冷めても絶品＆失敗ゼロの

肉

おかず

お弁当のおかずとして出番が多い肉おかず。
おいしくつくるテクニックを覚えれば、
今までのお弁当が確実にワンランクアップします。

肉調理の基本テクニック

☞ 焼くときは弱火で

肉を急激に高温で加熱すると、弱火で焼くよりも肉が大きく縮むので、水分が外に流れ出てしまいパサパサに。弱火でじっくり焼けば、ふっくらと焼き上がり、うまみも残ります。

☞ 余分な水分と油を除く

肉を弱火でじっくり焼いたあとに出る水分には、アクや臭みが含まれています。折りたたんだペーパータオルでよくふき取りましょう。

☞ ひき肉は油洗いして臭みをとる

ひき肉は、低温の油の中で泳がせるようにしてじっくり温めると、ひき肉特有の臭みを除去するとともに、アクを含む水分も取り除くことができます。

【 肉おかずのお弁当 ① 】

肉おかずがメインのお弁当をご紹介します。詰めるときのポイントや、組み合わせるおかずの選び方など参考にしてください。

ひじきの煮物 » P.85

汁気をよくきり、おかずカップなどに入れて詰めます。黒い色のおかずは、色のコントラストがつき、見た目の印象がキリッとします。

豚肉のしょうが焼き » P.16

豚肉だけでなく、何か野菜も一緒にしょうが焼きにすると食べごたえが出ます。お弁当箱に詰めるときは、よく冷まし、汁気をきってからに。

[そのほか]
ゆで野菜（グリーンアスパラガス）» P.79、ミニトマト、ごはん、しば漬け

いんげんの肉巻き » P.20

いんげんの緑色もアクセントになるので、半分に切って断面を見せるように詰めるときれいです。

桜えび入り卵焼き » P.98

黄色いおかずが入ると華やかな印象に。卵のおかずはボリュームも出ておすすめです。桜えびのピンクも彩りのアクセントになります。

[そのほか]
焼き野菜（エリンギ、赤パプリカ）» P.78、ごはん、昆布の佃煮

肉おかずのお弁当 ①

さつまいもの煮物 » P.92
ほんのり甘いさつまいもの煮物は、つくりおきしておくと重宝します。ごろんとした形なので、お弁当箱にすき間ができたときに入れられて便利です。

煮卵 » P.101
半分に切って黄身を見せるように詰めると、お弁当が華やかになります。

豚肉と小松菜の
ハニーマスタード炒め
» P.27

茶色くなりがちな肉おかずも、粒マスタードやはちみつを使うと変化がつきます。小松菜の緑色も彩りをよくします。

[そのほか]
ごはん

とんかつ » P.28
低温でじっくり揚げたとんかつは、肉のうまみがしっかり残っているので、冷めてもおいしいのが特徴。よく冷ましてから詰めましょう。

大根とにんじんの
煮なます » P.82
揚げ物のつけ合わせには、酸味のあるさっぱりとしたおかずがおすすめ。詰めるときは、汁気をよくきり、おかずカップに入れましょう。

[そのほか]
焼き野菜（ズッキーニ、かぼちゃ）
» P.78、ミニトマト、ごはん、焼きのり（小さくちぎる）

豚肉のしょうが焼き

肉は弱火でじっくりと焼くのがコツ！
肉の水分が失われず、しっとり仕上がります。

● 材料（1人分）
豚ロース薄切り肉…100g
玉ねぎ…小1/2個（70g）
しょうが（せん切り）…1/2片（8g）
A ┌ しょうゆ…10g
　├ はちみつ…3g
　├ バルサミコ酢…2g
　├ コーンスターチ…1g
　└ こしょう…適量
ごま油…小さじ1
塩…適量

●つくり方

1

冷たいフライパンにごま油をひき、豚肉を並べる。

☞ 肉は急激に加熱するとすぐに縮み、水分が失われるので、まずは冷たいフライパンに並べます。

2

1のフライパンを**弱火にかける**。フライパンから**焼ける音がしてきたらすぐに火を止めて**、1分ほどしたら再び弱火にかける。肉が白っぽくなってきたら、裏返す。

☞ 弱火で焼けば、肉が縮んで水分が失われることもなく、しっとりと仕上がります。ジューという焼ける音がしてきたら火を止めて、余熱で火を通します。

3

肉の両面に赤っぽいところがなくなったらバットに取り出し、ペーパータオルで**余分な水分と油を取り除く**。

☞ 余分な水分とともに、雑味の原因になるアクも取り除け、あとから加える調味料も最小限ですみます。

4

玉ねぎは繊維に沿って1.5cm幅に切る。0.8％の塩水を**沸騰させ、その中に入れて1分ゆでる**。ざるにあげ、水気をきる。

☞ 野菜も一度ゆでておくと、炒めたときに余分な水分が出るのを防げ、味を薄める心配もありません。

5

フライパンに**A**としょうがを入れて中火にかけ、煮立ったら豚肉と玉ねぎを加えて全体にさっとからめる。

→ P.16の豚肉のしょうが焼きからの応用

豚肉のオレンジソース

雑味の原因になるアクを
しっかり取ればさわやかな味つけも
ピタッと決まります。

●材料（1人分）
豚こま切れ肉…100g
セロリ…20cm（70g）
オレンジジュース（果汁100％）
　…60g
A ┌ しょうゆ…10g
　├ はちみつ…6g
　├ 白ワインビネガー…2g
　├ コーンスターチ…1g
　└ こしょう…少々
サラダ油…小さじ1
塩…適量

●つくり方
1. 冷たいフライパンにサラダ油をひき、豚肉を広げて入れる。
2. 1のフライパンを弱火にかける。フライパンから焼ける音がしてきたらすぐに火を止めて、1分ほどしたら再び弱火にかける。肉が白っぽくなってきたら、裏返す。
3. 肉の全面に赤っぽいところがなくなったらバットに取り出し、ペーパータオルで余分な水分と油を取り除く。
4. セロリは7mm幅の斜め切りにする。0.8％の塩水を沸騰させ、その中に入れて3分ゆでる。ざるにあげ、水気をきる。
5. フライパンにオレンジジュースを入れて中火にかけて半量になるまで煮詰める。Aを加えてよく混ぜ、煮立ったら豚肉とセロリを加えて全体にさっとからめる。

☞ オレンジジュースは少し煮詰めて味を濃縮させてから、ほかの調味料を加えてください。火を通したあとに出てくる肉の余分な水分を、しっかり取り除くのも忘れずに！

→ P.16の豚肉のしょうが焼きからの応用

ポークピカタ

溶き卵をまとった肉も16ページと同じテクニックです。卵も肉も、弱火のほうがしっとり仕上がります。

●材料（1人分）
豚肉（しょうが焼き用）…100g
塩…1.5g
こしょう…適量
薄力粉…適量
溶き卵…1個分（60g）
サラダ油…小さじ1

●つくり方
1. 豚肉に塩、こしょうをふり、刷毛で薄力粉を薄くつける。
2. 冷たいフライパンにサラダ油をひき、豚肉を溶き卵にくぐらせてから、並べ入れる。
3. 2のフライパンを弱火にかけ、卵が少し固まり、肉が白っぽくなったら裏返す。肉の両面に赤っぽいところがなくなったらバットに取り出し、ペーパータオルで余分な水分と油を取り除く。

☞ 肉の下味の塩は、冷めてもおいしく感じるように肉の重量の1.5％と、少し濃いめにしています。肉に薄力粉をまぶすときは、刷毛を使うと薄くまんべんなくつけることができます。

いんげんの肉巻き

野菜を肉で巻いた定番おかず。形くずれを防ぐには、水溶き片栗粉を使うことと弱火がポイントです。

●材料（1人分）
豚バラ薄切り肉…4枚（100g）
いんげん…12本（60g）
水溶き片栗粉（片栗粉15gを同量の水で溶く）
しょうゆ…20g
砂糖…16g
こしょう…適量
サラダ油…大さじ1
塩…適量

●つくり方

1

いんげんはヘタを取る。0.8％の塩水を沸騰させ、その中に入れて2分半ゆでる。水にとって粗熱をとり、ざるにあげて水気をきる。ペーパータオルでしっかりと水気をふく。

2

豚肉の片面に**水溶き片栗粉を刷毛で塗る**。

☞ 豚肉の片面に水溶き片栗粉を塗っておくと、豚肉といんげんがしっかり一体となり、形くずれしません。

3

豚肉を1枚広げ、いんげんを3本ずつ**端に斜めにのせ**、くるくるとしっかり巻く。

☞ いんげんは豚肉の端に少し斜めに置いて巻いていきます。水溶き片栗粉がのりの役目を果たします。

4

冷たいフライパンにサラダ油をひき、3を並べる。

☞ 急激に加熱して肉が大きく縮んでしまうと、形がくずれやすくなります。まずは冷たいフライパンに並べましょう。

5

4のフライパンを**弱火にかけ**、転がしながら全面を焼く。肉に赤っぽいところがなくなったらペーパータオルで**余分な油を取り除く**。

☞ 弱火でじっくり焼くと肉が縮まず、しっとりと仕上がります。雑味の原因になる余分な油は、しっかり取り除いてから味をつけます。

6

しょうゆと砂糖を加えて中火にし、肉全体にからめる。仕上げにこしょうをふり、斜め半分に切る。

→ P.20のいんげんの肉巻きからの応用

アスパラの肉巻き照り焼き

アスパラガスでつくるとより簡単です。
弱火で焼いて、余分な油を取り除くのがコツです。

●材料（1人分）
豚バラ薄切り肉…4枚（100g）
グリーンアスパラガス（直径1.5cm）
　…2本
水溶き片栗粉
　（片栗粉15gを同量の水で溶く）
しょうゆ…20g
砂糖…16g
こしょう…適量
サラダ油…大さじ1
塩…適量

●つくり方
1. グリーンアスパラガスは下半分の皮を薄くむく。0.8％の塩水を沸騰させ、その中に入れて2分半ゆでる。水にとって粗熱をとり、ざるにあげて水気をきる。ペーパータオルでしっかりと水気をふく。1本を半分に切る。
2. 豚肉の片面に水溶き片栗粉を刷毛で塗る。
3. 豚肉を1枚広げ、アスパラガスを1本ずつ端に斜めにのせ、くるくるとしっかり巻く。
4. 冷たいフライパンにサラダ油をひき、3を並べる。
5. 4のフライパンを弱火にかけ、転がしながら全面を焼く。肉に赤っぽいところがなくなったらペーパータオルで余分な油を取り除く。
6. しょうゆと砂糖を加えて中火にし、肉全体にからめる。仕上げにこしょうをふり、半分に切る。

☞ アスパラガスなら1本を豚肉で巻くので、複数本のいんげんでつくるよりも簡単です。同じ要領で細切りにしたにんじんやパプリカを下ゆでしてつくっても。彩りもよいのでお弁当のおかずに向きます。

→ P.20のいんげんの肉巻きからの応用

いんげんとゆで豚のごまあえ

豚肉といんげんをゆでて仕上げるおかず。
焼くときのコツを応用します。

●材料（1人分）
豚もも肉（しゃぶしゃぶ用）
　…100g
いんげん…12本（60g）
白いりごま…8g
みそ…10g
A ┌酢…10g
　│はちみつ…6g
　└塩…0.4g
塩…適量

●つくり方
1. 鍋に豚肉がつかるくらいの水を用意し、水の重量に対して1％の塩を加えて塩水をつくる。
2. 豚肉は4cm幅に切り、1の鍋に広げて入れる。弱火にかけて、ゆっくりと湯の温度を70℃まで上げる。豚肉を取り出してざるにあげ、さらにペーパータオルで水気をふき取る。
3. いんげんはヘタを取る。0.8％の塩水を沸騰させ、その中に入れて2分半ゆでる。水にとって粗熱をとり、ざるにあげて水気をきり、長さを半分に切る。
4. すり鉢にごまを入れて半分ほどする。みそを加えて軽くすり、Aを加えてよく混ぜる。豚肉といんげんを加えてあえる。

☞ 豚肉をゆでるときは、1％の塩水に入れて弱火にかけ、70℃までゆっくりと温度を上げていきます。これは焼くときと同じ理由で、ゆっくりと温度を上げることで、肉をしっとりと仕上げることができます。

豚肉と野菜の中華炒め

急激に加熱すると、野菜の水分が出やすくなります。
シャキッと仕上げるには、弱火で炒めるのがコツ！

●材料（1人分）
豚こま切れ肉…60ｇ
にんじん…1/3本（40ｇ）
ピーマン…2個（40ｇ）
キャベツ…1枚（40ｇ）
もやし…1/4袋（60ｇ）
塩…1.2ｇ
酒…小さじ1
しょうゆ…小さじ1
ごま油…小さじ1
こしょう…適量
サラダ油…小さじ3

● つくり方

1

もやし以外の野菜はすべて7mm～1cm幅の短冊切りにする。フライパンに高さ1cmほどの水を入れて強火にかける。沸騰したら、**にんじんを入れて1～2分ゆで**、ざるにあげて水気をきる。

☞ 野菜はもやしを基準に同じくらいの太さに切ると、火が通る早さをそろえられます（キャベツはやや太くてもOK）。また、火の通りが遅い野菜は下ゆでし、火の通りが早い野菜と同じタイミングで炒め終わるようにします。

2

豚肉は7mm幅に切る。冷たいフライパンにサラダ油小さじ1をひき、**豚肉を入れて弱火にかける**。

3

肉の全面に赤っぽいところがなくなるまで炒めたら、バットに取り出し、**余分な水分と油を取り除く**。

☞ P.17の3同様。

4

2のフライパンの底を流水にあてて冷したら、すべての野菜を入れ、サラダ油小さじ2を回しかけてよくからめる。

☞ 火にかけたフライパンを続けて使うときは、冷ましてから使います。

5

4のフライパンを**弱火にかけ、野菜を炒める**。途中でときどき上下を返すようにしながら、8分ほど炒める。

☞ 野菜も急激に加熱すると表面の細胞が壊れ、中の水分が出やすくなります。ベチャッとさせないためには、弱火で炒めるのがコツ。

6

豚肉、塩、酒を加えて弱火にし、さらに2分ほど炒める。強めの中火にし、**フライパンの真ん中をあけて、しょうゆとごま油を加え**、20秒ほど炒め合わせる。最後にこしょうをふる。

☞ フライパンの外側は温度が低く香りが出ないので、温度の高い真ん中にあきをつくり、そこにしょうゆとごま油を入れます。

→ P.24の豚肉と野菜の中華炒めからの応用

豚肉となすの ピリ辛炒め

なすは、一度揚げ焼きにして
水分を取り除いてから
肉と炒め合わせればベチャッとしません。

● 材料（1人分）
豚こま切れ肉…100g
なす…1本（90g）
ごま油…5g
豆板醤…3g
A ┌ しょうゆ…5g
　│ はちみつ…5g
　└ 酢…2g
サラダ油…適量

● つくり方
1. 豚肉を3cm幅に切る。なすはひと口大の乱切りにする。
2. 冷たいフライパンにサラダ油小さじ1をひき、豚肉を広げて入れる。弱火にかけて肉の全面に赤っぽいところがなくなるまで炒めたら、バットに取り出し、余分な水分と油を取り除く。
3. フライパンに高さ5mmほどのサラダ油を入れる。なすを加えて油をからめ、皮目を下にして並べる。
4. 3のフライパンを弱火にかけ、なすがスポンジのように柔らかくなったらペーパータオルに取り出し、軽く押さえて余分な水分と油を取り除く。
5. 4のフライパンの油を捨ててきれいにし、同じフライパンにごま油と豆板醤を入れて中火にかける。フツフツとしてきたらAを加え、豚肉となすを戻して全体にからめる。

☞ なすは水分の多い野菜なので、揚げ焼きにし、余分な水分を出してから肉と炒め合わせます。揚げ焼きにするときも、なすの表面の細胞が壊れて水分が出すぎないように、冷たい油でコーティングしておきます。

→ P.24の豚肉と野菜の中華炒めからの応用

豚肉と小松菜の
ハニーマスタード炒め

肉は弱火で焼き、野菜は下ゆでし、余分な水分を取り除いてから、さっと炒め合わせます。

● 材料（1人分）
豚肉（しょうが焼き用）…100g
小松菜…1株（30g）
玉ねぎ…1/4個（50g）
A ┌ はちみつ…7g
  │ 粒マスタード…5g
  │ 水…5g
  └ 塩…2g
サラダ油…小さじ1

● つくり方

1. 豚肉は2cm幅に、小松菜は長さ3cm、玉ねぎは1cm幅のくし形に切る。
2. 冷たいフライパンにサラダ油をひき、豚肉を広げて入れる。弱火にかけて肉の全面に赤っぽいところがなくなるまで炒めたら、バットに取り出し、余分な水分と油を取り除く。
3. 小鍋に湯を沸かし、小松菜と玉ねぎを入れて1分ゆでる。ざるにあげ、水気をきる。
4. フライパンにAを入れて混ぜ合わせ、中火にかける。フツフツとしてきたら豚肉、小松菜、玉ねぎを加えてさっとからめる。

☞ 野菜を下ゆでするのは、表面に沸騰した湯で強い熱を加えて細胞を少し壊し、たれをからみやすくするためです。ただし、野菜の歯ごたえは残したいので、1分しかゆでません。

とんかつ

冷たい油から揚げるほうが、肉がかたくなりません。
最後に油を高温にすれば、カラッと仕上がります。

●材料（2人分）
豚ロース肉（ひと口かつ用）
　…6枚（200g）
塩…2.4g
こしょう…適量
薄力粉…適量
A［溶き卵…1個
　　サラダ油…5g］
ドライパン粉…適量
サラダ油…適量

● つくり方

1

豚肉をペーパータオルの上にのせ、塩、こしょうをふる。

☞ ペーパータオルの上にのせることで、肉の余分な水分を取り除きます。

2

豚肉に薄力粉を刷毛で薄くつける。つづいてAを混ぜ合わせた卵液にくぐらせ、パン粉をつけて冷たいフライパンに並べる。

☞ 薄力粉を薄くまんべんなくつけることで、パン粉がはがれにくくなります。刷毛でポンポンと叩くようにつけて。

3

フライパンにサラダ油を高さ1cmほど入れてから、2を並べ、再びサラダ油をひたひたになるくらいまで注ぎ入れる。

☞ 最初に油をひいてから肉を入れないと、フライパンと肉の接するところに油が回らないので焦げるリスクが出ます。

4

3のフライパンを弱めの中火にかける。肉から泡がフツフツと出てきたら火を止め、1分ほどしたら再び弱火にかける。これをくり返して5分ほどしたら裏返し、さらに3〜5分加熱する。

☞ 肉から泡がフツフツと出るのは100℃くらい。この温度で5分ほど揚げたら、裏返します。このとき衣がまだ定着していないので、フライ返しや木べらなどを使って静かに返します。

5

加熱開始から10〜14分したら油の量を半分以下に減らして強火にし、表面全体に香ばしい揚げ色をつける。ペーパータオルの上に取り出して油をきる。

☞ 最後は油の量を半分にし、強火にして一気に高温（180℃）にすると、カラッと仕上がります。

→ P.28のとんかつからの応用

とんてき

厚みのある肉を焼くときも、低温が基本。
余熱もうまく利用して、
ゆっくりと焼いていきます。

●材料（1人分）
豚ロース肉（とんかつ用）
　…1枚（100g）
A ┌ しょうゆ…10g
　├ はちみつ…10g
　├ にんにくのすりおろし…1g
　└ こしょう…適量
サラダ油…適量

●つくり方
1. 豚肉は筋を切り、サラダ油小さじ1をひいた冷たいフライパンに入れる。
2. 1のフライパンを弱火にかけ、3分ほど焼いたら裏返す。さらに3分焼き、再び裏返す。これを2〜3回くり返し、12〜15分焼く（肉の厚み1.5cm）。箸やトングで肉の真ん中を挟んで持ち上げたときに、肉が折れ曲がらなければ火が通っている。
3. 焼けた豚肉はペーパータオルの上に取り出し、余分な水分と油をふき取る。
4. フライパンをきれいにし、サラダ油少々とAを入れて中火にかける。フツフツとしてきたら豚肉を戻し入れ、20〜30秒からめて焼く。

☞ 肉を焼く間、肉の焼ける音がしてきたらいったん火を止め、止めてから1分したら再び弱火にかけるという作業をくり返します。低温でじっくりと焼くのが肉をジューシーに仕上げるコツです。

→ P.28のとんかつからの応用

酢豚

肉も野菜も、油で揚げるときは低温で。
表面を急激に加熱しないことが、
肉をかたくしない、野菜を水っぽくしないコツです。

● 材料（1人分）
豚肩ロース肉（とんかつ用）…100g
塩…1g
こしょう…適量
薄力粉…適量
にんじん…2cm（30g）
ピーマン…大1個（30g）
玉ねぎ…1/8個（10g）
A ┌ 酢…15g　砂糖…15g
　│ 水…15g　しょうゆ…5g
　│ トマトペースト…5g　酒…5g
　└ コーンスターチ…3g　塩…1g
サラダ油…適量
塩…適量

● つくり方

1 豚肉は2cmほどのひと口大に切る。野菜はすべて1.5cm大の乱切りにする。Aは合わせておく。

2 にんじんは0.5％の塩水を沸騰させた中に入れ、火が通るまで2〜3分ゆで、ざるにあげて水気をきる。

3 豚肉に塩（1g）、こしょうをふり、薄力粉をまぶす。冷たいフライパンにピーマン、玉ねぎとともに入れ、サラダ油をひたひたになるまで注ぎ入れる。

4 3のフライパンを弱めの中火にかけ、油の温度が70℃になったら、豚肉と野菜をいったん取り出す。

5 油の量を半量に減らして強火にかけ、油の温度が180℃を超えたら、豚肉、ピーマン、玉ねぎ、にんじんを入れて30秒加熱し、ざるにあげる。

6 フライパンをきれいにし、サラダ油少々とAを入れて中火にかける。フツフツとしてきたら具をすべて戻し入れ、さっとからめる。

☞ 肉と野菜の素揚げは、冷たい油から70℃までゆっくり温度を上げたら、いったん取り出します。素材にゆっくり火を通すことが、肉をジューシーに、野菜をシャキッと仕上げるコツです。

【 肉おかずのお弁当 ② 】

お弁当のおかずは、やはりお肉が人気。肉おかずがメインの
お弁当をご紹介します。組み合わせるおかずの選び方など、参考にしてください。

ハンバーグ » P.34

肉だねを丸めるときに小さめにつくっておくとお弁当箱に詰めやすいです。特製ソース（P.81）を小さなケースに入れて持っていくと、本格的な味が楽しめます。

豆のサラダ » P.96

ミックスビーンズは、彩りをそえるのにも役立つ素材。いんげんの小口切りを混ぜると、より華やかになります。

[そのほか]
ゆで野菜（にんじん、いんげん）
» P.79 、ごはん、ごま塩

いり卵

●材料（つくりやすい分量）とつくり方

1. ボウルに卵2個を入れ、コシを切るように混ぜ、塩1.2ｇと砂糖6ｇを加えて混ぜる。
2. フライパンにサラダ油少々をひき、1を入れる。弱火にかけ、箸5〜6本でつねにゆっくりと混ぜながら火を通す。
3. 卵が固まってきたら箸でほぐすようにして混ぜ続け、水分を飛ばしながらポロポロになるまで混ぜる。

鶏そぼろ » P.38

ごはんを詰めた上に鶏そぼろをのせます。スプーンも一緒に持って行ったり、手で持って食べやすい容器を選ぶのもポイントです。

[そのほか]
ゆで野菜（絹さや）» P.79 、ごはん

肉おかずのお弁当②

鶏ハム » P.46
しっとりとした鶏ハムは、冷めてもおいしい一品です。野菜のおかずと組み合わせれば、ダイエット中にもおすすめなお弁当になります。

[そのほか]
ゆで野菜（ブロッコリー、絹さや、とうもろこし）» P.79、パン

かぼちゃのサラダ » P.94
腹持ちのよいサラダなので、メインのおかずにボリュームがないときなどにもおすすめです。

さつまいもの煮物 » P.92
ほんのり甘いおかずを入れると、箸休めになります。かぼちゃの煮物（P.88）もおすすめです。

小松菜の煮びたし » P.84
汁気をよくきってから、お弁当箱に詰めてください。ほかのおかずに汁気が移らないように、おかずカップを使用するとよいでしょう。

鶏の唐揚げ » P.49
仕上げに高温で揚げ焼きにすると、油ぎれがよくなります。よく冷ましてからお弁当箱に詰めてください。

[そのほか]
ミニトマト、ごはん、ふりかけ

ハンバーグ

最初は手で混ぜずに、肉をしっかり結着させるのがポイント。
肉汁が外に流れ出ず、ジューシーなハンバーグに。

●材料（1人分）
合いびき肉…100g
玉ねぎ…1/4個（40g）
パン（パン粉でも可）…10g
牛乳…10g
溶き卵…10g
塩…1.4g
ナツメグ…適量
こしょう…適量
サラダ油…適量

●つくり方

パンは細かく切って牛乳、溶き卵と合わせておく。

☞ パンをしっとりさせておくと、ひき肉と一体になります。

2

玉ねぎはみじん切りにする。冷たいフライパンにサラダ油少々をひき、玉ねぎを入れる。弱火にかけて3分ほど炒める。余分な油と水分をふき取り、**バットに取り出して冷ます**。

☞ 熱いままだと肉の温度を上げてしまうので、よく冷まして！

3

ボウルにひき肉と塩を入れ、**麺棒でたたくようにして、少し粘り気が出るまで混ぜる**。

☞ 肉の温度が上がると結着しにくくなるので、手で混ぜないのがコツ。

4

1と2を混ぜ合わせて3のボウルに入れ、ナツメグ、こしょうを加えてゴムべらでよく混ぜる。よく混ざったら、**最後に手で混ぜ**、ボウルに2～3回軽く叩きつけて空気を抜き、適当な大きさに丸める。

☞ 手で混ぜるのは10周くらいに。手にからみつくくらいの粘りがあればOKです。

5

冷たいフライパンにサラダ油少々をひき、4を並べる。このとき4の**真ん中はへこませない**。

☞ 肉だねの真ん中をへこませると、焼き上がりがわかりにくくなるので平らなままでOKです。焼き上がりは膨らみます。

6

5のフライパンを弱火にかける。たたんだペーパータオルで**余分な油をふき取り**、肉だねの厚みの半分まで火が通ったら（肉の色が変わったら）裏返す。引き続き弱火で焼き、表面が丘のように膨らみ、肉汁がにじんできていたら器に取り出す。

☞ 最初に出てくる水分はアクと臭みなので取り除きます。たたんだペーパータオルは最後までフライパンの中に入れておき、余分な油を吸い取らせます。裏返したあとは3分ほどが目安です。表面が膨らみ、汗のように肉汁がにじんできたら完成です。

→ P.34のハンバーグからの応用

ミートボール

パン粉の代わりに麩を使ってつくります。
肉を結着させるテクニックはハンバーグと同じです。

●材料（1人分）
合いびき肉…100g
玉ねぎ（みじん切り）…1/4個（40g）
パセリ（みじん切り）…2g
麩…5g
牛乳…10g
溶き卵…10g
塩…1.4g
ナツメグ、こしょう、サラダ油
　…各適量

A ┃ しょうゆ…10g　はちみつ…5g
　 ┃ バルサミコ酢…2g　塩…0.2g
　 ┃ トマトジュース（無塩）…40g
　 ┃ こしょう…適量
　 ┗ コーンスターチ…2g

●つくり方

1. 麩はすりおろすか細かく切り、牛乳、溶き卵と合わせておく。
2. 冷たいフライパンにサラダ油少々をひき、玉ねぎを入れる。弱火にかけて3分ほど炒めて冷ましておく。
3. ボウルにひき肉と塩を入れ、麺棒で叩くようにして混ぜる。
4. 3のボウルに 1 、 2 、パセリ、ナツメグ、こしょうを加えてゴムべらでよく混ぜる。最後に手で混ぜ、ボウルに2〜3回軽く叩きつけて空気を抜き、ひと口大に丸める。
5. 冷たいフライパンに 4 を入れ、半分の高さまでサラダ油を入れる。弱めの中火にかけ、肉から泡が出てきたら火を止め、1分したら再び弱火にかける。それをくり返しながらときどき肉を転がし、7〜8分加熱する。
6. 油を1/3に減らして強火にかける。肉を転がしながら高温で1分ほど焼く。フライパンをきれいにし、Aの材料を入れて中火にかける。フツフツとしてきたら肉を戻し入れ、転がしながらからめる（20秒くらい）。

☞ ひき肉を結着させるのはハンバーグ、多めの油で揚げ焼きにするのはとんかつ（P.28）の応用です。

→ P.34のハンバーグからの応用

シュウマイ

ひき肉を丸める料理は、肉をしっかり結着させて
肉汁を閉じ込めることがおいしさにつながります。

● 材料（1人分）
豚ひき肉…100g
玉ねぎ（みじん切り）…1/8個（20g）
干ししいたけ…小1個（15g）
グリンピース（1.5％の塩を加えた
　熱湯でゆでたもの）…6個
塩…1.4g
砂糖…2g
こしょう…適量
溶き卵…10g
シュウマイの皮…6枚
サラダ油…適量

● つくり方
1　干ししいたけは水で戻して粗めのみじん切りにする。
2　冷たいフライパンにサラダ油少々をひき、玉ねぎを入れて弱火で3分ほど炒めて冷ましておく。
3　ボウルにひき肉と塩を入れ、麺棒で叩くようにして混ぜる。
4　3に1、2、砂糖、こしょう、溶き卵を加えてゴムべらでよく混ぜる。シュウマイの皮に肉だねを1/6量ずつのせて包む。あとからグリンピースをのせるくぼみをつくっておく。
5　冷たいフライパンに水30gとサラダ油10gを入れ、4を並べる。ふたをして弱火にかけ、10分蒸し焼きにする。ふたを取り、やや火を強めて余分な水分を飛ばし、底面を軽く焼く。
6　グリンピースは1.5％の塩水（分量外）を沸かした中に入れ、2分ゆでる。ざるにあげて水気をきり、シュウマイにのせる。

☞ シュウマイのように蒸し焼きにする場合も弱火です。ふたをしてじっくり蒸し焼きにしたあとに、やや火を強めて余分な水分を飛ばして底面を焼きます。

鶏そぼろ

ポロポロに炒めると、パサパサになりがちな鶏そぼろ。
ふっくら仕上げるコツも、弱火で炒めることです。

●材料（1人分）
鶏ひき肉…100g
A ┌酒…30g
　├砂糖…15g
　├しょうゆ…5g
　└塩…0.2g
サラダ油…適量

●つくり方

1

冷たいフライパンにひき肉を広げ、ひき肉が半分つかるくらいまでサラダ油を注ぎ入れ、**箸で肉をほぐす。**

☞ 火にかける前に、油の中でひき肉をほぐします。加熱したときにムラが出ないように、まんべんなく肉に油をまぶしておきましょう。

2

1のフライパンを弱火にかけ、つねに混ぜながら加熱する。肉の色がうっすら変わり始めたらすぐに、**ざるにあけていったん油をきる。**

☞ ひき肉を低温の油（40℃）でゆでるように加熱し、ざるにあけます。ひき肉特有の臭みを取り除くことができます。

3

再びフライパンに肉だけを戻し、弱火にかけて箸で混ぜながら炒める。肉から水分が出てきたら再びざるにあけて水分をきる。これを2回ほどくり返す。

4

フライパンに肉を戻して弱火にかけ、ペーパータオルで**余分な水分と油をふき取る。**

☞ 肉の臭みをふき取っておくと、調味料の量が最小限ですみます。

5

肉全体が白っぽくなったら**A**を加えて2～3分煮からめる。

☞ 調味料を加えるときは、フライパンの真ん中に。フライパンは中央底面のほうが熱くなっているので、そこに調味料を加えて火を通し、香りを出します。

→ P.38の鶏そぼろからの応用

麻婆豆腐

ひき肉を低温の油で洗って臭みを取り除くと、味つけもすっきり決まります。

● 材料（1人分）

合いびき肉…40g
木綿豆腐（1cm角）…150g
青ねぎ（小口切り）…20g
A ┌ 長ねぎ（みじん切り）…5g
　├ にんにく（みじん切り）…1/2片（5g）
　└ しょうが（みじん切り）…1/2片（5g）
豆板醤…5g
酒…20g
B ┌ 水…50g　砂糖…5g
　├ しょうゆ…5g
　└ コーンスターチ…3g　塩…1g
サラダ油…適量

● つくり方

1. 冷たいフライパンに豆腐を入れ、かぶるくらいの水を入れて中火にかける。湯気が上がってきたらいったんざるにあけて湯きりする。
2. フライパンにひき肉を広げ、ひき肉が半分つかるくらいまでサラダ油を注ぎ入れ、箸で肉をほぐす。弱火にかけ、つねに混ぜながら加熱する。肉の色がうっすら変わり始めたら、ざるにあけていったん油をきる。
3. 再びフライパンに肉を戻し、弱火にかけて混ぜながら炒める。肉の水分が出てきたら再びざるにあけて水分をきる。これを2回ほどくり返す。
4. フライパンに肉を戻して弱火にかけ、余分な水分と油をふき取る。1～2分軽く炒め、バットに取り出す。
5. フライパンをきれいにし、サラダ油少々と豆板醤を弱めの中火にかける。フツフツとしてきたらAを加えて20～30秒炒める。
6. 酒と青ねぎを加えて中火にし、アルコール分を飛ばしながら煮詰める。Bを加え、煮立ったら豆腐、ひき肉を戻し、弱火で2～3分煮からめる。

☞ 調味料を加える前に、ひき肉の臭みを取り除くと、味がすっきり決まります。

→ P.38の鶏そぼろからの応用

ひき肉

キーマカレー

ひき肉特有の臭みを取り除くと、
少量のスパイスで、香り豊かに仕上がります。

● 材料（1人分）
合いびき肉…60g
玉ねぎ（粗いみじん切り）…1/6個（30g）
にんじん（粗いみじん切り）…1.5cm（20g）
セロリ（粗いみじん切り）…3cm（10g）
にんにく（細かいみじん切り）…2g
しょうが（細かいみじん切り）…2g
A ┌ カレー粉…3g
　 └ ガラムマサラ…1g　薄力粉…2g
バルサミコ酢…5g
酒…25g
B ┌ バジル（あれば）…1/2本
　 │ トマトジュース（無塩）…30g
　 └ 水…30g　塩…1.8g　砂糖…1g
サラダ油…適量

● つくり方

1. フライパンにひき肉を広げ、ひき肉が半分つかるくらいまでサラダ油を注ぎ入れ、箸で肉をほぐす。弱火にかけ、つねに混ぜながら加熱する。肉の色がうっすら変わり始めたら、ざるにあけていったん油をきる。

2. 再びフライパンに肉を戻し、弱火にかけて混ぜながら炒める。肉の水分が出てきたら再びざるにあけて水分をきる。これを2回ほどくり返す。

3. フライパンに肉を戻して弱火にかけ、余分な水分と油をふき取る。バルサミコ酢、酒を加えて中火にし、水分がほとんどなくなるまで煮詰める。

4. 別のフライパンに玉ねぎ、にんじん、セロリを入れ、サラダ油小さじ2をからめて弱火で7〜8分炒める。真ん中に少しスペースをつくり、にんにくとしょうがを入れて軽く炒めてから、全体と炒め合わせる。火を止めてAを加えてよく混ぜ、3分ほどおく。

5. 炒めたひき肉、Bを加えて中火にし、水分が流れなくなるまで煮詰める。

☞ カレー粉を加えるときは、焦げやすいので火を止めてからに。そのまま3分ほどおいて味をなじませます。

チキンソテー

皮はパリパリに、中はふっくら焼き上げるには、
タイミングを見極めて火加減を調節します。

●材料（1人分）
鶏もも肉…100g
塩…1.2g
こしょう…適量
サラダ油…少々

●つくり方

1

鶏肉は食べやすい大きさに切り、塩をふる。

☞ 塩は肉の重量に対して1.2％。正確に計量して、肉を焼く直前にふります。お弁当のおかずの場合は、やや濃いめに味をつけます。

2

冷たいフライパンにサラダ油をひき、**鶏肉を皮目を下にして並べる。**

☞ 鶏肉は皮目から焼いていきます。

3

2のフライパンを弱めの中火（火にかけてから30〜40秒で音がする火加減）にかけ、焼き始める。油がフライパンの外に**パチパチと勢いよく跳ね始めたら**弱火に（肉が焼ける音はする程度に）落とす。

☞ 弱めの中火で焼き続けると焦げてしまうので、油が外にパチパチと跳ね始めたら、弱火に落とす合図です。

4

余分な水分や油が出てきたら、たたんだペーパータオルで取り除き、**鶏肉の厚みの半分強まで色が変わったら裏返す。**

☞ 裏返したとき、皮に香ばしい焼き色がついていることを確認してください。ついていないときは火を弱めるのが早かったか、火が弱すぎたのが原因です。

5

裏返してから1〜2分で焼き上がり。仕上げにこしょうをふる。

☞ こしょうの香りが飛んでしまわないように、最後にふりましょう。

→ P.42のチキンソテーからの応用

鶏の照り焼き

弱火に落とすタイミングが重要。
余分な水分と油を除いてから、味つけします。

●材料（1人分）
鶏もも肉…100g
A ┌ 酒…10g
  │ しょうゆ…5g
  │ 砂糖…6g
  │ 塩…0.2g
  │ コーンスターチ…1g
  └ わさび（好みで）…適量
サラダ油…少々

●つくり方
1. 鶏肉は食べやすい大きさに切る。
2. 冷たいフライパンにサラダ油をひき、鶏肉を皮目を下にして並べる。
3. 2のフライパンを弱めの中火（火にかけてから30～40秒で音がする火加減）にかけ、焼き始める。油がフライパンの外にパチパチと勢いよく跳ね始めたら弱火に落とす。
4. 余分な水分や油が出てきたら、たたんだペーパータオルで取り除き、鶏肉の厚みの半分強まで色が変わったら裏返す。さらに1～2分焼き、Aを加えて中火にし、1～2分煮からめる。

☞ 皮によい焼き色がつくまで裏返さずにじっくり焼きましょう。調味料を加えるのは、鶏肉から出た余分な水分や油をふき取ってからに。

→ P.42のチキンソテーからの応用

鶏肉とカシューナッツ炒め

鶏肉を小さめに切る場合も、
焼き方、味をつけるタイミングは同じです。

●材料（1人分）
鶏もも肉…70g
カシューナッツ…30g
玉ねぎ…1/6個（30g）
ピーマン…1個（20g）
しょうが（みじん切り）…3g
鷹の爪（種を除く）…1本
A ┌ 酒…10g
　│ 砂糖…8g
　│ オイスターソース…5g
　│ しょうゆ…5g
　│ コーンスターチ…1g
　└ ごま油…1g
サラダ油…適量

●つくり方
1 鶏肉は小さめのひと口大に切る。玉ねぎ、ピーマンは1.5cm四方に切る。
2 カシューナッツは熱湯で1分ほどゆでてざるにあげ、水気をきる。
3 冷たいフライパンにサラダ油少々をひき、鶏肉を皮目を下にして並べる。
4 3のフライパンを弱めの中火（火にかけてから30〜40秒で音がする火加減）にかけ、焼き始める。油がフライパンの外にパチパチと勢いよく跳ね始めたら弱火に落とす。
5 余分な水分や油が出てきたら、ペーパータオルで取り除く。鶏肉の厚みの半分まで色が変わったら裏返す。さらに10秒焼き、バットに取り出す。
6 フライパンにカシューナッツ、玉ねぎ、ピーマン、しょうが、鷹の爪を入れ、サラダ油少々をからめて弱火にかける。5分ほど炒めたら、鶏肉を戻し入れる。フライパンの中央にスペースをつくり、Aを加えて中火にし、フツフツしてきたら全体にからめて軽く煮詰める。

☞ 鶏肉を小さく切ったときは、裏返してからの焼き時間は短くてOK。野菜と炒め合わせるときは、鶏肉だけ先に焼き、野菜に火が通ったところに戻し入れて。

鶏ハム

鶏むね肉は、加熱方法を間違えるとパサついてしまいます。
ゆっくりと熱を通すには、温度管理が重要です。

●材料（2人分）
鶏むね肉…200g
塩…適量
ディル…1〜2枝
バジル…1〜2枝
ソース
　├フレンチマスタード…6g
　├はちみつ…6g
　├オリーブオイル…20g
　├ワインビネガー…10g
　└塩…0.4g

● つくり方

1

鍋に肉がつかる2倍の高さくらいの水を入れ、その水の重さに対して2%の塩を加えて溶かし、塩水をつくる。

2

鶏肉は皮を取り除き、厚みがそろうように2〜3枚のそぎ切りにする。①の**鍋の底にペーパータオルを敷き**、その上に鶏肉をのせる。

☞ 鍋の底にペーパータオルを敷いて、火のあたりをやわらげ、鶏肉にゆっくり熱が伝わるようにします。

3

ディルとバジルも入れ、弱めの中火にかけてゆっくり加熱し、**40〜42℃まで温度を上げたら**火を止めて5分おく。

☞ 40℃近くになったら火を止めます。余熱も利用します。

4

肉を裏返して再び弱めの中火にかけ、**65〜70℃まで温度を上げたら**火を止める。ふたをしてそのまま10分おく。

☞ 温度を測り、加熱時間を守れば、しっとりとした鶏ハムをつくることができます。

5

鶏肉を取り出し、食べやすい大きさのそぎ切りにする。ソースの材料を混ぜ合わせて添える。

☞ お弁当として持っていくときは、ソースはふたが閉まるケースに入れて（P.33弁当写真参照）、別添えにするのがおすすめ。

→ P.46の鶏ハムからの応用

バンバンジー

温度と加熱時間を守れば、しっとりとした仕上がりに。
鶏肉のうまみも逃しません。

●材料（1人分）
鶏むね肉…100g
長ねぎ…7cm（20g）
しょうが（薄切り）…1枚
八角…小1個
塩…適量
もやし…50g
きゅうり（せん切り）…40g
たれ
├ 長ねぎ（みじん切り）…8cm（25g）
├ しょうがのすりおろし…1g
├ 酢…20g　白すりごま…10g
├ しょうゆ…10g　はちみつ…10g
└ ラー油…3g　塩…0.6g

●つくり方

1. 鍋に肉がつかる2倍の高さくらいの水を入れ、その水の重さに対して1.5％の塩を加えてよく溶かし、塩水をつくる。
2. 鶏肉は皮を取り除き、厚み1cmほどのそぎ切りにする。1の鍋の底にもやしときゅうりを入れ、その上に鶏肉をのせる。
3. 長ねぎ、しょうが、八角も入れ、弱めの中火にかけてゆっくり加熱し、40〜42℃まで温度を上げたら火を止めて5分おく。
4. 再び弱めの中火にかけ、55℃まで温度を上げたら、もやしときゅうりを取り出す。肉はそのまま残して65〜70℃まで温度を上げたら火を止めて5分おく。
5. 鶏肉を取り出して冷まし、繊維に沿って裂く。器にもやし、きゅうりを盛り、鶏肉をのせる。たれの材料を混ぜ合わせてかける（または添える）。

☞ 鍋の底にペーパータオルを敷く代わりに、もやしなどの野菜を敷いて火のあたりをやわらげます。野菜は55℃くらいで先に取り出し、肉は65〜70℃まで上げてから余熱で火を通しましょう。

→ P.46の鶏ハムからの応用

鶏の唐揚げ

油で揚げる前に、低温で火を通します。
肉のうまみが残り、おいしさも格別です。

● 材料（1人分）

鶏もも肉…100g
長ねぎ…7cm（20g）
しょうが（薄切り）…2枚
八角…1個
A ┌ 水…400g　塩…7.2g
　 └ しょうゆ…36g　砂糖…4g
B ┌ 薄力粉…8g
　│ 片栗粉…4g
　│ 溶き卵…6g
　│ 水…5g
　│ しょうゆ…4g
　│ サラダ油…1g
　└ しょうがのすりおろし…3g
薄力粉、サラダ油…各適量

● つくり方

1. フライパンにAを入れて混ぜ合わせ、ひと口大に切った鶏肉を入れる。
2. 長ねぎ、しょうが、八角も入れて、弱めの中火にかけ、40～42℃まで温度を上げたら火を止めて、肉を裏返して5分おく。
3. 再び弱めの中火にかけ、65～70℃まで温度を上げたら火を止める。肉を裏返し、ふたをして5分おく。
4. Bの材料を混ぜ合わせる。
5. 鶏肉を取り出してペーパータオルで水気をふき取り、薄力粉を刷毛で薄くつけてから、4のつけだれに入れてからめる。
6. フライパンに肉が半分ほどつかる程度のサラダ油を入れて中火にかけ、180℃になったら5を入れる。ときどき返しながらきれいな色がつくまで揚げる。ペーパータオルに取り出し、油をきる。

☞ 鶏肉にはすでに火が通っているので、高温で、きれいな色がつくまで揚げればOK。「中まで火が通っていない！」「パサパサになった！」なんていう失敗もありません。

手羽先の甘辛焼き

弱めの中火から弱火に落として焼きます。
皮から出る余分な油をふき取ることが、味をよくするコツです。

●材料（1人分）
手羽先…4本（190〜200g）
A ┌ 酒…30g
　├ しょうゆ…10g
　├ 砂糖…13g
　└ 塩…0.6g
七味唐辛子（好みで）…適量
サラダ油…少々

● つくり方

冷たいフライパンにサラダ油をひき、手羽先を**皮目を下にして並べる。**

☞ まずは冷たいフライパンに並べます。皮目からじっくり焼いていきます。

①のフライパンを弱めの中火にかける。**パチパチと油が跳ね始めたら弱火にし、**焼き色がつくまで焼く。

☞ 手羽先のふちに、小さな泡が出るくらいの火加減をキープします。

余分な水分や油が出てきたら、たたんだペーパータオルで取り除き、手羽先**の厚みの半分強まで色が変わったら裏返し、**さらに1〜2分弱めの中火で焼いて、いったん取り出す。

☞ 皮目にきれいな焼き色がついていることを確認してから裏返しましょう。両面が焼けたら、いったん取り出して余分な油をきります。

フライパンをきれいにし、**A**の材料を入れて混ぜ合わせる。手羽先を戻し入れて中火にかけ、**A**をからめながら焼く。

☞ 手羽先を焼いたあとの油が残っていると、調味料の味がボケてしまうので、きれいにふき取って。

最後に七味唐辛子を加えて全体にからめ、火を止める。

☞ スパイスは仕上げに加えて香りを残します。

肉じゃが

じゃがいものゆで方ひとつで、煮くずれしにくくなります。
肉のアクも取り除いて、くっきりとした味に仕上げます。

●材料（2人分）
牛薄切り肉…80g
じゃがいも（男爵皮付き）…2個（270g）
玉ねぎ…1/3個（60g）
A ┌ 水…200g
　├ 酒…20g
　├ 砂糖…15g
　├ しょうゆ…5g
　└ 塩…1.4g
サラダ油…少々
塩…適量

●準備
使用するフライパンの容量分の水を用意し、その重量の0.8％の塩を溶かしておく。

● つくり方

1

じゃがいもは皮をむき、3cm角ほどの大きさに切る。玉ねぎは1cm幅のくし形に切る。牛肉は3〜4cm幅に切る。冷たいフライパンに**じゃがいも、玉ねぎ、牛肉の順**に広げ入れる。

☞ 牛肉は急激に加熱して肉がかたくならないように、じゃがいもの上にのせて熱がゆっくり伝わるようにします。

2

①のフライパンに、52ページで準備しておいた塩水を注ぎ入れる。

☞ フライパンの大きさに合わせて塩水を用意してください。具全体がつかるくらいの量が目安です。

3

②のフライパンを弱めの中火にかけてゆっくり加熱し、**55℃まで温度を上げたら**、火を止めて5分おく。

☞ 高温でぐつぐつ煮ると肉やじゃがいもの表面の細胞が壊れ、煮くずれしやすくなります。55℃になったら火を止めて、余熱でゆっくり熱を通しましょう。

4

ざるにあげて湯をきり、**軽くぬるま湯をかけて**さっとアクを落とす。

☞ ざるで湯きりし、さらにぬるま湯をかけてアクを取り除きます。

5

 →

フライパンにサラダ油を入れて中火にかけ、十分に温まったらじゃがいも、玉ねぎ、牛肉を戻し入れ、30秒ほど炒める。**A**を加え、アルミ箔で落としぶたをし、煮汁がなくなるまで煮詰める。

→ P.52の肉じゃがからの応用

牛肉の黒こしょう炒め

牛肉は加熱のしすぎに注意し、
アクを取り除くのがポイント。

● 材料（1人分）
牛薄切り肉…100g
パプリカ（赤・黄）…各1/4個（各40g）
玉ねぎ…1/4個（40g）
A ┌ 酒…20g
  │ 砂糖…12g
  │ しょうゆ…5g
  │ オイスターソース…5g
  │ コーンスターチ…2g
  │ 粗びき黒こしょう…2g
  │ 塩…1g
  └ ごま油…1g
サラダ油…適量

● つくり方
1. パプリカは7〜8mm幅の細切りにする。玉ねぎは7〜8mm幅のくし形に切る。牛肉は3〜4cm幅に切る。Aは合わせておく。
2. 冷たいフライパンにサラダ油少々をひき、牛肉を広げ入れる。弱火にかけ、肉の全面に赤っぽいところがなくなったら、ペーパータオルに取り出し、余分な水分を取り除く。
3. フライパンをきれいにしてサラダ油少々をひき、パプリカ、玉ねぎを入れて弱火で7〜8分炒める。
4. 肉を戻し入れ、Aを加えて中火にし、全体にからめて火を止める。

☞ 肉は弱火でゆっくり焼き、肉の色が変わったら、いったん取り出して水分を除きます。このプロセスで、味がすっきりと決まります。

→ P.52の肉じゃがからの応用

チンジャオロースー

牛肉はいったん弱火で火を通し、アクを除きます。
野菜と合わせたら、加熱のしすぎに気をつけて。

● 材料（1人分）
牛もも肉（焼肉用）…50g
ピーマン…2個（40g）
たけのこ（水煮）…40g
長ねぎ（みじん切り）…3cm（10g）
しょうが（みじん切り）…1/4片（3g）
A ┌ 溶き卵…10g　片栗粉…3g
　 └ 塩…0.6g　こしょう…適量
　 ┌ 酒…20g　しょうゆ…10g
　 │ 砂糖…10g
B │ オイスターソース…5g
　 │ ごま油…1g　塩…0.6g
　 └ こしょう…適量
サラダ油…適量

● つくり方
1 牛肉も野菜も5〜7mm幅の細切りにする。Bは合わせておく。
2 ボウルに牛肉を入れてAを加え、全体にからめる。
3 フライパンに高さ1cmほどのサラダ油を入れる。2を広げ入れ、弱火にかける。肉の全面に赤っぽいところがなくなったら、ざるに取り出す。
4 3のフライパンの油を強火で熱し、180℃になったらピーマンとたけのこを入れ、30秒揚げて取り出す。
5 フライパンをきれいにし、長ねぎとしょうがを加えて弱火で10秒炒める。牛肉、ピーマン、たけのこを戻し入れて30秒ほど炒める。
6 強火にして10秒したら、フライパンの真ん中にスペースをつくり、Bを加えてさっとからめて火を止める。

☞ 牛肉は弱火で火を通し、肉の色が変わったら、ざるにあげてアクを除きます。調味料と合わせるときは、さっとからめる程度に。加熱しすぎないように注意しましょう。

– Part 2 –

冷めても絶品＆失敗ゼロの

魚

おかず

特有のクセが気になるという声も多い魚おかず。
水分や臭みを上手にコントロールするテクニックを
しっかりマスターしましょう。

魚調理の基本テクニック

☞ 塩をふるのは焼く直前に

魚も肉同様、塩をふったらすぐに加熱します。塩をふってしばらくおいてしまうと、脱水をし、焼いたときに魚の表面がかたくなります。また、ソテーの場合は臭みが増してしまうので、塩をしてしばらくおかないことをおすすめしています。

☞ 焼くときは弱火で

魚も肉同様（» P.13）に弱火で焼くのが基本です。高温で焼くと大きく縮み、余計な水分が外に流れ出てパサパサになるので気をつけましょう。焼いたあとに出てきた水分や油を取り除くのも肉同様です。

☞ 冷ます過程で味をしみ込ませる

煮魚をつくる場合、まず加熱して魚の細胞を壊して調味料を入りやすくし、そのあと、余熱が冷める過程で味を浸透させます。煮る時間はなるべく短いほうがふっくらと仕上がるので、この方法がおすすめです。

【 魚おかずのお弁当 】

魚おかずだからといって和風とは限りません。洋食屋さんのお弁当風の組み合わせもおすすめ。メインのおかずを魚にすると、気分が変わります。

いんげんの白あえ 》P.90

豆腐を下ゆでしてつくった白あえは、水っぽくなりません。おかずカップに入れて詰めればOKです。

ぶりの照り焼き 》P.60

魚の水分や臭みをしっかり取り除いてつくった照り焼きは絶品です。冷ましているうちに味もしっかり入るので、ごはんがすすみます。

[そのほか]
焼き野菜（ししとう）》P.78、ミニトマト、ごはん、梅干し

鮭のピカタ 》P.62

鮭は焼くとピンク色になるので、お弁当のおかずに便利な素材。溶き卵をからめてから焼くと、ごはんはもちろん、パンにもおすすめです。

[そのほか]
ゆで野菜（スナップえんどう）》P.79、パイナップル、ごはん、昆布の佃煮

ごぼうとれんこんのきんぴら
》P.86

鷹の爪でピリッと辛みをきかせてつくると、味のアクセントになります。ごぼうやれんこんはかみごたえがあり、食感も楽しめます。

魚おかずのお弁当

さつまいもの煮物 » P.92
さつまいもは汁気を吸うので、煮物も水っぽくならずにお弁当のおかず向きです。小さめに切って詰めれば、すき間があいたときにも便利です。

さわらの幽庵焼き » P.64
すだちの香りがさわやかな幽庵焼きは、汁気をきってお弁当箱に詰めてください。すだちを1切れ入れておき、食べる前に香りを足すとよりおいしくいただけます。

小松菜の煮びたし » P.84
一緒に詰めるおかずと味の相性がよければ、おかずカップに入れずに詰めてもOKです。ただし、汁気をよくきるのは忘れずに。

[そのほか]
卵焼き(P.98のつくり方参照)、ごはん、たくあん

えびフライ » P.70
フライはカラッとしているほうがおいしいので、えびフライはもちろん、一緒に詰めるおかずやごはんもよく冷ましてください。タルタルソース(P.81)は小さな容器に入れて持っていきましょう。

[そのほか]
焼き野菜(ズッキーニ、パプリカ) » P.78、ごはん、ごま塩

ぶりの照り焼き

魚を焼いたときに出る余分な水分はよくふき取って。
弱火で焼くのは肉も魚も一緒です。

●材料（2人分）
ぶり（切り身）…2切れ（200g）
A ┌ 砂糖…13g
  │ しょうゆ…10g
  │ 酒…10g
  │ コーンスターチ…1g
  │ ごま油…1g
  └ 塩…0.7g
サラダ油…少々

●つくり方

1

冷たいフライパンにサラダ油をひき、ぶりを並べ、弱火にかける。Aは合わせておく。

☞ 魚も肉と同様、急激に加熱すると表面の細胞が縮み、パサパサになるので、弱火で焼きます。

4

魚の両面に焼き色がついたら、Aを加えて弱めの中火にし、Aを魚にかけながら1分ほど焼きからめる。

☞ スプーンなどで調味料をかけながら焼きます。魚全体にからんだら、すぐに火を止め、加熱しすぎて身がパサつかないようにします。

2

ぶりの厚みの半分まで火が通ったら裏返し、さらに3分ほど焼く。

☞ 厚みの半分まで身が白っぽくなったら裏返してOKです。

3

たたんだペーパータオルで余分な水分と油をふき取る。

☞ 魚から出てきた余分な水分をふき取ると、臭みも取り除けます。調味料を加える前に、必ずふき取りましょう。

鮭のピカタ

魚に薄力粉を薄くまんべんなくつけると、
溶き卵がしっかりとからみ、きれいに焼けます。

●材料(2人分)
鮭(切り身)…2切れ(200g)
塩…2.4g
こしょう…適量
薄力粉…適量
溶き卵…1個分(60g)
サラダ油…大さじ2

● つくり方

1

鮭は皮を取り除き、塩、こしょうをふる。

☞ 塩は魚の重量に対して1.2％量が目安。お弁当のおかずにするときは、通常よりも少し濃いめに塩をふると味がボケません。

2

鮭に薄力粉を刷毛で薄くまんべんなくつける。

☞ 薄力粉は刷毛を使ってつけると薄くきれいにつけることができます。薄くつけておくと、溶き卵もまんべんなくつき、きれいに仕上がります。

3

2に溶き卵をからめ、サラダ油をひいた冷たいフライパンに並べ入れる。

☞ 溶き卵をつけるとき、竹串で魚を刺して裏返すと手が汚れません。

4

3のフライパンを弱火にかけ、鮭の厚みの半分くらいまで火が通ったら、裏返してさらに1～2分焼く。

☞ 魚のふちから小さな泡が出てくるくらいの火加減をキープします。

5

魚の両面が焼き上がったら、ペーパータオルに取り出し、余分な水分をふき取る。

☞ 焼き上がったら、いったんペーパータオルの上に取り出すと、余分な水分と油がきれ、魚の臭みも取り除けます。

→ P.60のぶりの照り焼きからの応用

さわらの幽庵焼き

すだちやゆずなどをしぼったたれにつけるときは、ポリ袋を使うと効率的です。

●材料（1人分）
さわら（切り身）…1切れ（100g）
すだち…1/2個
A ┌ 卵黄…5g
　│ しょうゆ…5g
　│ みりん…5g
　│ 酒…5g
　│ 塩…0.6g
　│ 砂糖…1g
　└ コーンスターチ…1g
サラダ油…少々

●つくり方
1 ポリ袋にAを合わせ、すだちの果汁をしぼって入れる。
2 1にさわらを入れ、空気を抜いて袋の口を閉じ、20分おく。
3 冷たいフライパンにサラダ油をひき、さわらをつけ汁をよくきって入れ、弱火にかける。つけ汁はとっておく。
4 さわらの厚みの半分まで火が通ったら裏返し、さらに2分ほど焼く。たたんだペーパータオルで余分な水分と油をふき取る。
5 魚の両面に焼き色がついたら、つけ汁を加えて中火にし、つけ汁を魚にかけながら1分ほど焼きからめる。

☞ ポリ袋を使うメリットは、余分な空気を抜くと、少量の調味料で魚全体になじませることができることです。

→ P.62 鮭のピカタからの応用

鮭のソテー

フライパンでおいしく焼くには、弱火が基本！
余分な水分と油をふき取りながら焼きます。

●材料（1人分）
鮭（切り身）… 1切れ（100ｇ）
塩…1.2ｇ
こしょう…適量
サラダ油…少々

●つくり方
1. 鮭は塩、こしょうをふり、サラダ油をひいた冷たいフライパンに、皮目を下にして入れる。
2. 1のフライパンを弱めの中火にかけ、小さな泡が出てくるくらいの火加減をキープしながら焼く。油がパチパチと勢いよく飛び始めたら弱火に落とす。
3. たたんだペーパータオルで余分な水分と油をふき取る。
4. 鮭の厚みの8割ほどまで火が通ったら裏返し、さらに1分焼く。

☞ 鮭にふる塩は、鮭の重量に対して1.2％の塩です。焼くときは弱火をキープ。余分な水分をふき取れば臭みも取り除け、塩、こしょうだけでもおいしく焼き上がります。

さばのみそ煮

魚の臭みをしっかりとると、調味料は最小限ですみます。
40℃の湯で下ゆでするのも、魚の臭みをとる方法のひとつです。

●材料（1人分）
さば（切り身）…1切れ（150g）　みそ…15g
しょうが（薄切り）…1枚　　　　しょうが（せん切り）…1/2片（5g）
長ねぎ…10cm（30g）　　　　　　塩…適量
A ┬ みりん…15g
　├ 酒…15g
　├ 水…15g
　├ 砂糖…2g
　└ 塩…0.6g

● つくり方

1

フライパンにさばがつかる程度の水を入れ、水の量に対して**0.8％の塩**を加えて溶かす。底にペーパータオルを敷き、さばを皮目を下にしてのせる。

☞ 魚は0.8％濃度の塩水で下ゆでします。底にペーパータオルを敷いて、火のあたりをやわらげて、魚にゆっくり熱を伝えます。

2

①のフライパンを弱めの中火にかけてゆっくり加熱し、**40℃まで温度を上げたら火を止めて5分おく。**

☞ 余熱で魚に熱を通していきます。

3

別のフライパン（または鍋）に **A** を入れ、中火で軽く煮立てる。1分ほど煮立てたらみそを加え、**30秒ほど煮る。**

☞ みそは加熱しすぎると風味が飛ぶので最後に加えます。

4

ポリ袋に③、しょうがの薄切り、長ねぎを入れ、水につけて冷ます。調味液の温度が人肌まで下がったら、水気をきったさばを入れ、空気を抜いて袋の口を閉じる。

5

鍋に④がつかる程度に水を入れ、④を袋ごと入れて弱めの中火にかける。**65℃まで温度が上がったら火を止めて10分おく。**

☞ さばにじわじわと熱を入れると同時に、調味料の味も入れていきます。

6

フライパンにポリ袋の汁だけあけ、しょうがのせん切りを加えて中火にかける。煮立ったらさばを入れ、**煮汁をさばにかけながら煮詰める。**

☞ さばにはすでに火が通っているので、煮汁を煮からめるための加熱です。魚の臭みも下ゆでで取れているので、調味料は最小限ですみます。

67

あじフライ

フライの基本は、肉でも魚でも同じです。
冷たい油から揚げ始め、最後だけ高温で揚げるのがポイントです。

●材料（1人分）
あじ（三枚におろしたもの）…1尾分（100g）
塩…1.2g
こしょう…適量
薄力粉…適量
A ┌ 溶き卵…20g
　└ 片栗粉…10g
パン粉…適量
サラダ油…適量

● つくり方

1

あじは皮をむき、ペーパータオルで余分な水分をふき取る。

☞ あじの皮を持ち、ぶら下げるようにすると、身の重みで皮がむきやすくなります。

2

あじに塩、こしょうをふり、**薄力粉を刷毛で薄くまんべんなくつける。**

☞ 刷毛でポンポンと叩くようにつけると、薄くまんべんなく薄力粉をつけることができます。

3

バットに**A**を合わせ、2の両面にからめ、パン粉をつける。

4

フライパンにサラダ油を高さ1cmほど入れてから3を並べ、**再びサラダ油をひたひた弱くらいまで注ぎ入れる。**

☞ 油の量は、あじがちょうどかくれるかかくれないくらいが目安です。

5

4のフライパンを弱めの中火にかけ、小さな泡が出てきたら火を止め、1分ほどおいて、再び弱めの中火にかける。これを7〜8分くり返す（途中4分ほどで裏返す）。

6

いったんあじを取り出し、フライパンのサラダ油を半分以下に減らして強火にかける。**180℃になったら**あじを戻し入れ、両面にきれいな揚げ色がつくまで揚げる。ペーパータオルの上に取り出して、油をきる。

☞ 最後に高温で揚げ焼きにすると、カラッと仕上がります。

→ P.68のあじフライからの応用

えびフライ

洋食の定番メニュー。サクッと仕上げるコツは
えびは下ゆでで火を通しておき、
最後に高温で揚げることです。

●材料（1人分）
えび（殻付き）…4〜5尾（100g）
塩…1g
こしょう…適量
薄力粉…適量
A ┌ 溶き卵…20g
　└ 片栗粉…10g
パン粉…適量
サラダ油…適量
塩…適量

●つくり方
1 えびは尾を残して殻をむき、背わたを取り除く。
2 フライパンに0.8％の塩水をつくり、底にペーパータオルを敷き、えびをのせる。
3 2のフライパンを弱めの中火にかけ、60℃まで温度を上げたら火を止めて5分おく。
4 えびを取り出して水気をふき取り、塩（1g）、こしょうをふる。薄力粉を刷毛で薄くまんべんなくつける。バットにAを合わせてえびをくぐらせ、パン粉をつける。
5 フライパンにサラダ油を高さ2cmほど入れて中火にかける。180℃になったら、4を入れる。返しながらきれいな色がつくまで揚げる。ペーパータオルの上に取り出して、油をきる。

☞ えびは下ゆでで中まで火を入れているので、油で揚げるのは衣に色をつけるためです。最初から高温（180℃）で揚げてOKです。

→ P.68のあじフライからの応用

ほたてのごま揚げ

パン粉の代わりにごまをつけたアレンジです。
ごまは焦げやすいので、
最後の油の温度に気をつけて。

●材料（1人分）
ほたて貝柱（むき身）…3〜4個（100g）
塩…1g
こしょう…適量
薄力粉…適量
A ┌ 溶き卵…20g
　└ 片栗粉…10g
ごま（黒・白）…適量＊
サラダ油…適量
塩…適量

＊黒ごまと白ごまを1：4くらいの比率
　で混ぜています。

●つくり方
1 ほたては貝柱の横についている白い部分を手で取り除く（火が通るとかたくなりやすいため）。
2 フライパンに0.8％の塩水をつくり、底にペーパータオルを敷き、ほたてをのせる。
3 2のフライパンを弱めの中火にかけ、60℃まで温度を上げたら火を止めて5分おく。
4 ほたてを取り出して水気をふき取り、塩（1g）、こしょうをふる。薄力粉を刷毛で薄くまんべんなくつける。バットにAを合わせてほたてをくぐらせ、ごまをつける。
5 フライパンにサラダ油を高さ2㎝ほど入れて中火にかける。160℃になったら、4を入れる。返しながらきれいな色がつくまで揚げる。ペーパータオルの上に取り出して、油をきる。

☞ ほたてには下ゆでで火が通っているので、油で揚げるのは衣を香ばしくするためです。パン粉に比べごまは焦げやすいので、160℃で揚げます。

えびとブロッコリーの炒め物

魚介類の炒め物をおいしくつくるには、
低温の油で下揚げし、臭みを取り除くことがポイントです。

●材料（1人分）

むきえび…100g
ブロッコリー…3～4房（50g）
長ねぎ（みじん切り）…3cm（10g）
しょうが（みじん切り）…1片（10g）
鷹の爪（種を除く）…1本

A ┌ 酒…20g
　├ 塩…1.6g
　└ 砂糖…1g

サラダ油…適量
塩…適量

● つくり方

1

冷たいフライパンにえびを入れ、**サラダ油をひたひたになるくらいまで注ぎ入れる**。

☞ 油の量は、えびがちょうどかくれるくらいが目安です。

2

1のフライパンを弱火にかけてゆっくり加熱し、**40℃まで温度を上げたら火を止めて** 5分おく。えびをざるにあげ、ぬるま湯をかけて洗い、水気をきっておく。

☞ 40℃の油の余熱で、えびにゆっくり火を入れると、かたくなることもなく、うまみもしっかり残ります。

3

ブロッコリーは食べやすい大きさに切り分ける。小鍋に**0.8％の塩水**をつくって沸かし、ブロッコリーを入れて2分ほどゆでる。水にとって冷まし、水気をきる。

4

フライパンにサラダ油少々をひき、長ねぎ、しょうが、鷹の爪を入れて弱火にかける。30秒ほど炒めたら **A** を加えて中火にする。アルコール分が飛んだら、**えびとブロッコリーを入れてさっとからめる**。

☞ えびにもブロッコリーにも火がすでに通っているので、仕上げは調味料をからませるだけです。

- Part 3 -

冷めても絶品＆失敗ゼロの

野菜・卵
おかず

野菜や卵のおかずは、お弁当に彩りをそえるのに
欠かせない存在です。冷めてもおいしいおかずは
常備菜としてもおすすめです。

野菜調理の基本テクニック

→焼き方、ゆで方の基本はP.78-79を参照

☞ 50℃で火を通すとくずれにくい

50〜55℃という温度は、表面の細胞が壊れないギリギリの温度です。この温度で野菜に熱を通すと、表面の細胞は壊さず、中には火が通ります。煮物など煮くずれが心配なときは、このテクニックを応用します。

☞ 余分な水分と油は取り除く

調理中に出た野菜の余分な水分と油は、手間を惜しまずきちんとふき取りましょう。

卵調理の基本テクニック

☞ コシを切って白身と黄身を一体に

卵の白身と黄身では固まる温度が違い、白身は60℃前後、黄身は75℃前後です。卵焼きなどは、白身と黄身が一体になっているほうがきれいに仕上がるので、コシを切るように混ぜます。

(※料理によっては、卵に空気を含ませるように混ぜる場合もあります)

☞ 焼くときは弱火で

卵をふっくらと仕上げるには、加熱しすぎないことがポイント。作業に合わせて火を止めたり、火から離したりするとよいでしょう。

【 野菜・卵おかずのお弁当 】

野菜おかずは、日頃から常備菜としてつくっておくと便利です。
卵おかずは、いつでもつくれるように、冷蔵庫に卵をストックしておきましょう。

ポークピカタ » P.19
卵をからめて焼いたピカタは存在感たっぷり！
おかずのスペースを大きくとりたいときは、お弁当箱を斜めに使うのがおすすめです。

かぼちゃの煮物 » P.88
緑色の皮の部分も少し残しておくと彩りがきれいです。かぼちゃは汁気が出にくいですが、おかずカップに入れて詰めるとより安心です。

[そのほか]
ゆで野菜（ブロッコリー）» P.79、ごはん、赤じそふりかけ

煮卵 » P.101
ゆで卵は半分に切って詰めると、華やかになります。半熟が好きな方も、できるだけ固めにゆでておくほうが安心です。

春雨サラダ » P.97
春雨が汁気を吸ってくれるので、水っぽくなる心配はありません。

酢豚 » P.31
野菜も入った酢豚はボリューム満点。つけ合わせには、さっぱりとしたおかずがおすすめ。

[そのほか]
ごはん、ごま塩

野菜・卵おかずのお弁当

チキンソテー ≫ P.42

味つけは塩、こしょうだけですが、塩の量をきちんと量り、焼き方のコツを守れば絶品です。シンプルな料理ほど、おいしさの差を感じることができます。

かぼちゃのサラダ ≫ P.94

レーズンとかぼちゃの甘みが好相性。かぼちゃは汁気を吸いやすいので、水っぽくなる心配がありません。すき間おかずとしても優秀です。

[そのほか]
焼き野菜（パプリカ、エリンギ）≫ P.78、ごはん、焼きのり

スペイン風オムレツ ≫ P.100

具だくさんのスペイン風オムレツなら、ゆで野菜やフルーツと組み合わせるだけで、彩りのよいお弁当になります。お弁当箱の形に合わせて、切り方を変えてもよいでしょう。

[そのほか]
ゆで野菜（ブロッコリー、スナップえんどう）≫ P.79、キウイフルーツ、パイナップル、干しあんず、パン

彩りをそえる常備野菜

お弁当では、おかずの味のバランスはもちろん、彩りにも気を配りたいものです。野菜そのものの色を生かして、お弁当をよりおいしそうに演出しましょう。

焼き野菜

　野菜を焼くときは弱火が基本です。急激に高温で加熱すると野菜の表面の細胞が壊れ、野菜から水分やうまみが外に出てしまいます。弱火でじっくり焼くと、歯触りやうまみが残ります。味をつけるための塩は、野菜を焼いた後の重量の0.8％が目安です。

（左上から）さつまいも、かぼちゃ、エリンギ、ズッキーニ、パプリカ（赤・黄）、ししとう

● 野菜全般
厚さ7〜8mmの食べやすい大きさに切る。

1

冷たいフライパンに野菜を並べ、サラダ油を全体にからめる。

2

①のフライパンを弱火にかけ、野菜に串が簡単にささるまでじっくり焼く。

3

ペーパータオルに取り出して油をふき取り、重量を量る。重量の0.8％の塩を加えてからめる。

常備野菜

(左上から) ブロッコリー、スナップえんどう、さやいんげん、にんじん、グリーンアスパラガス、ヤングコーン、絹さや

ゆで野菜

　野菜をゆでるコツは、0.8％の濃度の塩水をつくり、ぐつぐつと沸騰した状態でゆでることです。0.8％の塩分濃度は野菜内部の塩分濃度と等しく、浸透圧で野菜から水分が外に出ないため、シャキッと仕上がります。

　ぐつぐつと沸騰しないうちに野菜を入れると、野菜を入れたとたんに湯の温度が下がるので、必ずよく沸騰してから野菜を入れましょう。

　ゆで上がった野菜の重量の0.8％の塩で味をつけます。

● 野菜全般

それぞれヘタや筋などを取り除き、食べやすい大きさに切る。

● にんじんの場合

皮をむき、厚さ1cmの輪切りにする。

1

鍋に水500gを入れ、塩4g（水の重さに対して0.8％）を入れて溶かし、強火にかける。ぐつぐつと沸騰したら野菜を入れ、2分〜2分30秒ゆでる。

1

鍋に水500gを入れ、塩4g（水の重さに対して0.8％）、砂糖10gを入れて溶かし、強火にかける。ぐつぐつと沸騰したらにんじんを入れ、簡単に串がささるまで7〜10分ゆでる。

2

ざるなどに取り出し、そのまま水気をきって冷ます。

2

水にとって粗熱をとり、すぐに取り出して水気をきる。ペーパータオルで十分に水気をふき取り、重量を量る。重量の0.8％の塩を加えてからめる。

彩りをそえる常備野菜

野菜のマリネ

　この野菜のマリネは、冷蔵庫で3〜4日間保存可能な便利な常備菜です。保存性を下げないポイントは下記です。
①動物性タンパク質を含む食品を入れない
②野菜がつねにマリネ液につかるように保存容器に入れて密閉する
③途中でつくり足ししないこと
　野菜の種類はなんでも構いません。赤・黄・緑と、色の違う野菜を合わせてつくるとよいでしょう。

● 材料（つくりやすい分量）
パプリカ（赤・黄）…1/8個（各30ｇ）
玉ねぎ…1/6個（30ｇ）
エリンギ…小1本（20ｇ）
ズッキーニ…1/4本（30ｇ）
ミニトマト…4個（50ｇ）
バジル…1枝
A ┌ 塩…3.5ｇ
　├ 砂糖…7ｇ
　└ 白ワインビネガー…15ｇ
サラダ油…400ｇ

● つくり方

1
パプリカ、玉ねぎ、エリンギ、ズッキーニは1.5cm×4cmくらいの大きさに切る。ミニトマトはヘタを取る。

2
鍋にサラダ油と野菜のすべて、Aを入れて中火にかける。ポコポコと沸いてくる状態になりミニトマトの皮が弾けてきたら、火を止める。

3
野菜を取り出して人肌まで冷ます。油も別に人肌温度まで冷ます。

4
保存容器に3の野菜と油を合わせ、冷蔵庫で2〜4時間冷やす。

手づくり特製ソース

肉や魚にかけるとおいしい、特製ソースを3種類ご紹介します。
手づくりソースで、おかずの味がワンランクアップします。

トマトケチャップの代わりに
トマトソース

●材料（つくりやすい分量）

玉ねぎ…1/4個（40g）
トマト…1/2個（100g）
バルサミコ酢…10g
水…60g
トマトペースト…20g
塩…2g
砂糖…3g
こしょう…適量
オリーブオイル…20g

●つくり方

1. 玉ねぎはみじん切りに、トマトは1cm角のざく切りにする。
2. フライパンにオリーブオイルと玉ねぎを入れ、弱火で7〜8分炒める。
3. バルサミコ酢を加えて中火にし、水分が流れなくなるくらいまでしっかり煮詰める。
4. 水、トマトペーストを入れ、フツフツとしてきたら20秒ほど煮立てる。トマトを加え、塩、砂糖、こしょうを加え、トマトをつぶしながら10〜15分煮詰める。火を止めて粗熱をとる。
5. 4 をミキサーにかける。

とんかつソースの代わりに
みそソース

●材料（つくりやすい分量）

みそ…60g
バルサミコ酢…60g
水…40g
はちみつ…20g
トマトペースト…20g
ごま油…2g
ねりからし…2g

●つくり方

1. フライパンにすべての材料を入れて中火にかける。
2. ゴムべらで混ぜながらフツフツとしてきたら10秒ほどその状態を保つ。火を止めて冷ます。

フライにかけると絶品!
タルタルソース

●材料（つくりやすい分量）

卵…1個
きゅうりのピクルス…10g
玉ねぎ…5g
パセリ…4g
レモン汁…6g
オリーブオイル…5g
はちみつ…3g
白ワインビネガー…3g
塩…1g
こしょう…適量

●つくり方

1. 沸騰させた湯の中に卵を入れて7分ゆでる。水にとって粗熱をとり、殻をむく。ボウルに入れてフォークで細かくつぶす。
2. ピクルス、玉ねぎ、パセリはみじん切りにする。
3. フライパンに高さ1cmほどの水を入れて沸かし、玉ねぎを入れて10秒ほどゆで、ざるにあげて水気をきる。1 のボウルに玉ねぎと、そのほかすべての材料を入れて混ぜ合わせる。

大根とにんじんの煮なます

汁気が少なくなるように、調味料は最小限におさえ、
煮飛ばしてつくります。

●材料（つくりやすい分量）
大根…150g
にんじん…1/4本（50g）
A ┌ 酢…10g
　├ 砂糖…6g
　├ 塩…2g
　├ レモン汁…2g
　└ 鷹の爪（種を除く）…1本
レモンの皮（国産）…少々

● つくり方

1

大根とにんじんはせん切りにする。レモンの皮は長さ2cmのせん切りにする。

☞ 切る太さをそろえることも、火の通りやすさを均一にするためのポイントです。

2

冷たいフライパンにA、大根、にんじんを入れ、弱めの中火にかける。2〜3分炒めたら、レモンの皮を加えてさっと炒め合わせる。

☞ レモンの皮を加えると香りがよくなります。最初からは炒めず、野菜がやわらかくなってから加えたほうが香りが残ります。

3

大根とにんじんが折れ曲がるくらいになったら、バットにあけて冷ます。

☞ 冷ます間に、野菜に味がしみ込みます。冷めてから水分をよくきっておきましょう。

→P.82の大根とにんじんの煮なますからの応用

小松菜の煮びたし

汁気を飛ばしてつくる、
お弁当のおかず向きな煮びたしです。

●材料（つくりやすい分量）
小松菜…2株（70g）
しめじ…1/3パック（30g）
油揚げ…1/2枚（20g）
酒…50g
A ┌ しょうゆ…8g
　├ 砂糖…2g
　└ 塩…1g

●つくり方
1. 小松菜は長さ3cmに切り、茎と葉に分けておく。しめじは石づきを切り落とし、小房に分ける。油揚げは5mm幅の短冊切りにする。
2. フライパンに酒を入れて中火にかけ、ひと煮立ちさせてアルコール分を飛ばす。しめじと小松菜の茎を入れて30秒ほど炒める。
3. A、小松菜の葉、油揚げを加え、さらに30秒ほど炒め合わせたら、バットにあけて冷ます。

☞ 小松菜は、火の通りが遅い茎のほうから先に炒め、葉は時間差で加えて炒め合わせます。バットにあけて冷ますうちに、野菜に味が入ります。

→ P.82の大根とにんじんの煮なますからの応用

ひじきの煮物

常備菜としても重宝する一品です。
炒め煮にして、汁気を少なくするのがコツです。

● 材料（つくりやすい分量）
ひじき（乾燥）…10g（→戻して100g）
にんじん…1.5cm（20g）
しいたけ…1枚（20g）
油揚げ…1/2枚（20g）
A ┌ 酒…100g
　├ 砂糖…25g
　├ しょうゆ…10g
　└ 塩…0.4g
サラダ油…15g

● つくり方
1. ひじきは水につけて戻す。
2. にんじんは長さ1.5cm、5mm幅の短冊切りにする。しいたけは軸を除いて半分に切り、3mm幅に切る。油揚げは長さ3cm、5mm幅の短冊切りにする。
3. フライパンにサラダ油をひき、にんじん、しいたけを入れて弱火で3分ほど炒める。
4. 油揚げを加えて30秒炒めたら、水気をきったひじきを加え、さらに2分炒める。
5. Aを加えて弱めの中火にし、煮汁がなくなるまで煮る。バットなどにあけて冷ます。

☞ 煮汁がなくなるまで炒め煮にしたら、バットにあけて冷ましてください。冷ます間に、具材に味がしみ込みます。

ごぼうとれんこんのきんぴら

ごぼうやれんこんは水につけてアク抜きをし、
下ゆでしてから味つけをすると、少ない調味料でもしっかり味がしみます。

●材料（つくりやすい分量）
ごぼう…12〜13cm（40g）
れんこん…小1/3節（40g）
鷹の爪（種を除く）…1本
A ┌ しょうゆ…8g
  └ 砂糖…8g
サラダ油…5g
ごま油…5g
白ごま…3g

●つくり方

1

ごぼうは斜め薄切りに、れんこんは厚さ2〜3mmの輪切り（またはいちょう切り）にする。水に5分ほどさらす。Aは合わせておく。

☞ 切ったものから水に入れ、5分ほどさらしてアクを取り除きます。

4

Aを加えて2分ほど炒め、最後にごま油、白ごまを加えてさっと混ぜる。バットにあけて冷ます。

☞ ごま油は香りづけのためのものなので、最後に加えましょう。

2

フライパンにごぼうとれんこんがつかる程度の湯を沸かし、沸騰したらごぼうとれんこんを入れて強火のまま2分ゆでる。ざるにあけ、水気をきる。

☞ ごぼうとれんこんは下ゆでをして、強い熱を加えて細胞を少し壊し、味を含ませやすくしておきます。

3

冷たいフライパンにサラダ油と鷹の爪を入れ、2を戻し入れて油をからめる。弱火にかけ、3分ほど炒める。

かぼちゃの煮物

緑色の皮部分は少し残して取り除くと、
火の通りがよくなり、ひび割れもせずにきれいに仕上がります。

●材料(つくりやすい分量)
かぼちゃ…1/8個(200g)
A ┌ しょうゆ…10g
　├ 酒…10g
　├ 砂糖…10g
　└ 塩…1.8g
塩…適量

●つくり方

1

かぼちゃは皮を薄くむき、3cm角ほどの大きさに切る。

☞ 皮の部分は火の通りが悪く、そこからひび割れてしまうので、こそげ落としておきましょう。

2

鍋にかぼちゃが十分につかる量の水を入れ、水の分量に対して0.5％の塩を加えて溶かし、かぼちゃを入れる。

☞ 野菜をゆでるときは0.8％の塩水が基本ですが、ゆでる時間が長くなるものは、塩水が煮詰まり濃くなるので、少し薄めの塩水でゆでます。

3

2の鍋を弱めの中火にかけてゆっくり加熱し、50℃まで温度を上げたら火を止めて3分おく。

☞ 急激に高温でゆでると、表面の細胞が壊れやすくなり、形くずれの原因に。50℃でゆでると、表面の煮くずれを防ぎます。

4

続いて強火にかけ、沸騰したら中火にし、かぼちゃに串が簡単にささるまでゆでる（途中かぼちゃが水面から出てくるようなら湯を足す）。ざるにあけ、水気をきる。

☞ しっかり沸騰させた状態でゆでると、中まで火が通り、ほくほくに仕上がります。

5

フライパンにAを合わせて強火にかけ、1分ほど煮立てて火を止め、粗熱をとる。

☞ 1分ほど煮立たせてアルコール分をしっかり飛ばします。

6

ポリ袋に5とかぼちゃを入れ、空気を抜いて口を閉じ、そのまま水につけて冷ます（ときどき裏返す）。

☞ ポリ袋を使うと、調味液の中にかぼちゃをつけた状態で空気を抜くことができ、簡単に密閉できます。そのまま水につけて冷ますこともでき、味がしみ込みやすくなります。

いんげんの白あえ

豆腐の水きりをしっかりしておくと、水っぽくなりません。
いんげん、白あえごろも、それぞれに味つけするのがポイントです。

●材料（つくりやすい分量）
いんげん…10本（100g）
絹ごし豆腐…80g
しょうゆ…5g
はちみつ…2g
白いりごま…7g
塩…1g
塩…適量

● つくり方

1

豆腐はバットにのせ、その上にバットを重ねて重しをし、10分ほどおいて水気をきる。

☞ 保存容器に水を入れたものを重しにしても。豆腐の厚みが半分くらいになるまでおいて、水気をきりましょう。

2

いんげんは長さ3cmに切る。0.8％の塩水を沸騰させた中に入れ、2～3分ゆでる。

☞ いんげんはよく沸騰したところに入れ、短時間でゆで上げるとシャキッとします。

3

水にとってすぐにざるにあげて水気をきり、ペーパータオルの上にのせて水気をふく。

☞ ここでしっかり水気をふき取っておきましょう。ただし、熱いうちに次の工程に移ってください。

4

いんげんがまだ少し温かいうちにボウルに入れ、しょうゆ、はちみつを加えてからめる。

☞ いんげんが温かいうちに調味料をからめることで、中までしっかり味を入れることができます。

5

すり鉢にいりごまを入れてすり、水気をよくきった豆腐、塩（1g）を加えて混ぜ合わせる。

☞ すり鉢がない場合は、すりごまを豆腐と混ぜ合わせてください。

6

5に4を入れて、よく混ぜ合わせる。

→ P.88のかぼちゃの煮物からの応用

さつまいもの煮物

50℃の湯でゆっくり下ゆですることで、煮くずれしにくくなります。

● 材料（つくりやすい分量）
さつまいも…100g
A ┌ しょうゆ…5g
　├ 酒…30g
　├ 砂糖…6g
　└ 塩…1g
塩…適量

● つくり方
1. さつまいもは3cmの乱切りにする。
2. 鍋にさつまいもが十分につかる量の水を入れ、水の分量に対して0.5％の塩を加えて溶かし、さつまいもを入れる。
3. 2 の鍋を弱めの中火にかけてゆっくり加熱し、50℃まで温度を上げたら火を止めて3分おく。
4. 続いて強火にかけ、沸騰したら中火にし、さつまいもに串が簡単にささるまで10分ほどゆでる（途中さつまいもが水面から出てくるようなら湯を足す）。ざるにあけ、水気をきる。
5. フライパンにAを合わせて強火にかけ、1分ほど煮立てて火を止め、粗熱をとる。
6. ポリ袋に 5 とさつまいもを入れ、空気を抜いて口を閉じ、そのまま水につけて冷ます（ときどき裏返す）。

☞ 最初に50℃の湯でゆでると、煮くずれ防止になります。

→ P.86のごぼうとれんこんのきんぴらからの応用

にんじんのナムル

常備菜としても重宝する一品です。
炒め煮にして、汁気を少なくするのがコツです。

● 材料（つくりやすい分量）
にんじん…4cm（80g）
ごま油…5g
塩…0.8g
白いりごま…3g

● つくり方
1 にんじんを長さ4cm、5mm角の棒状に切る。
2 フライパンににんじんがつかる程度の湯を沸かし、にんじんを2分ゆでる。ざるにあげて水気をきる。
3 冷たいフライパンにごま油を入れ、2を戻し入れて油をからめる。弱めの中火にかけ、2〜3分炒める。
4 塩、いりごまを加えてさっと炒め合わせる。バットにあけて冷ます。

☞ 野菜は下ゆでしてから炒めたほうが、味がしみ込みやすくなります。また、冷ましているうちにも味が入るので、ムダに調味料を加える必要はありません。

かぼちゃのサラダ

ドレッシングは油を少しずつ加えながらかき混ぜ、乳化させるのがポイントです。

●材料（つくりやすい分量）
かぼちゃ…1/8個（200g）
レーズン…20g
塩…2g
ドレッシング
　マスタード…6g
　白ワインビネガー…10g
　はちみつ…6g
　塩…0.4g
　オリーブオイル…20g
塩…適量

●つくり方

1

かぼちゃは皮を薄くむき、3cm角ほどに切る。レーズンは水につけてふやかしておく。

☞ 皮の部分は火の通りが悪いので、こそげ落としておきましょう。

2

鍋にかぼちゃが十分につかる量の水を入れ、水の分量に対して0.5％の塩を加えて溶かし、かぼちゃを入れる。

☞ 野菜をゆでるときは0.8％の塩水が基本ですが、ゆでる時間が長くなるものは、塩水が煮詰まり濃くなるので、少し薄めの塩水でゆでます。

3

2の鍋を弱めの中火にかけてゆっくり加熱し、50℃まで温度を上げたら火を止めて3分おく。

☞ 急激に高温でゆでると、表面の細胞が壊れやすくなり、形くずれの原因に。50℃の温度でゆでると、表面の形くずれを防げます。

4

続いて強火にかけ、沸騰したら中火にし、かぼちゃに串が簡単にささるまでゆでる（途中かぼちゃが水面から出てくるようなら湯を足す）。ざるにあけて水気をきり、熱いうちに塩（2g）をふってからめる。

☞ かぼちゃがしっかりかぶるくらいの量の湯でゆでてください。

5

ボウルにマスタード、白ワインビネガー、はちみつ、塩（0.4g）を入れて泡立て器で混ぜる。オリーブオイルを少しずつ加えてかき混ぜ、乳化させる。

☞ 泡立て器は左右に小さく、同じところを動かし続け、水分と油を乳化させます。とろりとしてきたらOKです。

6

ボウルに4のかぼちゃを入れ、5のドレッシングを加えてあえる。レーズンも加えてさっと混ぜ合わせる。

→ P.94のかぼちゃのサラダからの応用

豆のサラダ

おいしいドレッシングがつくれるようになると
野菜そのものの味が楽しめるようになります！

●材料（つくりやすい分量）
お好みの蒸し豆（ドライパック）…50g
玉ねぎ…20g
いんげん…20g
パセリ（みじん切り）…2g
塩…0.8g
ドレッシング
　　マスタード…1g
　　白ワインビネガー…2g
　　はちみつ…2g
　　塩…0.2g
　　オリーブオイル…3g
塩…適量

●つくり方
1. 玉ねぎは粗めのみじん切りにする。
2. いんげんは5mm幅の小口切りにする。
3. 0.8％の塩水を沸かし、玉ねぎといんげんを入れて1分ゆでる。水にとって粗熱をとり、すぐにざるにあげて水気をきり、ペーパータオルにのせて水気をふく。
4. ボウルに豆、3、パセリを入れ、塩（0.8g）を加えて混ぜ合わせる。
5. 別のボウルに、オリーブオイル以外のドレッシングの材料を混ぜ合わせ、オリーブオイルを少しずつ加えて泡立て器でかき混ぜ、乳化させる。4のボウルに加えて混ぜ合わせる。

☞ 豆の大きさに合わせて、いんげん、玉ねぎを小さめに切るとドレッシングがよくなじみます。

→ P.94のかぼちゃのサラダからの応用

春雨サラダ

春雨は余分な汁気を吸うので、
お弁当のおかずに向いています。

●材料（つくりやすい分量）
春雨（乾燥）…50g
きゅうり…1/2本（60g）
鶏ハム（→P.46）…120g
卵…1個（60g）
A ┌ 酢…24g
　├ 砂糖…14g
　├ しょうゆ…10g
　├ ねりからし…4g
　├ 塩…2.8g
　└ ごま油…2g
白いりごま…10g
塩…適量

●つくり方
1. 春雨を沸騰した湯で3〜4分ゆでる。
2. 水にとって水洗いし、水気をきって長さ3cmのざく切りにする。
3. 鶏ハムは手で裂いておく。きゅうりはせん切りにする。
4. ボウルに卵を溶きほぐし、フライパンで薄焼き卵をつくる。長さ4cmの5mm幅に切る。
5. 鍋に0.8％の塩水をつくり、きゅうりを入れて弱火にかける。50℃まで温度を上げたらざるにあげ、水気をきる。
6. ボウルにAを合わせ、春雨、鶏ハム、薄焼き卵、きゅうり、白いりごまを加えて混ぜ合わせる。

☞ きゅうりは50℃の湯に通すことで、シャキッとかたくなり、青臭さを取り除くこともできます。

桜えび入り卵焼き

卵に火が入りすぎるとパサパサになるので、弱火でゆっくり焼き、巻くときは卵焼き器を火から離すなどして調節しましょう。

●材料（つくりやすい分量）
卵…3個（170g）
桜えび（乾燥）…20g
A ┌ 水…20g
　├ しょうゆ…5g
　├ 砂糖…6g
　└ 塩…1g
サラダ油…適量

● つくり方

1

ボウルに卵を割り入れ、箸でコシを切るようによく混ぜる。

☞ 箸を左右に動かして卵を切るようによく混ぜておくと、卵焼き器に少量ずつ加えるときに、卵液のキレがよくなります。

2

①にAを加えて混ぜてから、桜えびを加えて混ぜる。

☞ 調味料が卵とよくなじむように、桜えびを加える前に混ぜます。

3

冷たい卵焼き器（18cm×14cm）にサラダ油を薄くひき、卵液1/4～1/3量を底一面になるくらいに入れる。

☞ 卵にはゆっくり火を通すほうがやわらかく仕上がります。また、卵焼き器を熱する前に卵液を加えるほうが、慌てずに作業ができます。

4

③の卵焼き器を弱火にかけ、卵液が流れなくなるまで焼いたら、一方からヘラや箸で卵を巻く。

5

巻いた卵を端によせ、卵焼き器全体にサラダ油を薄くひき、再度卵液を底一面になるくらいに入れて、④と同様に焼く。これを卵液がなくなるまでくり返す。

☞ 卵を焼くときはずっと弱火で。卵を焼きすぎないように、ときどき卵焼き器を火から離しながら（火を止めながら）作業しましょう。

6

⑤を巻きすに取り出し、しっかり巻いて輪ゴムで止め、そのまま冷ます。食べやすい大きさに切る。

☞ 卵が熱いうちに巻きすで巻きます。冷める間に形がととのいます。

→ P.98の桜えび入り卵焼きからの応用

スペイン風オムレツ

卵焼き器でつくると裏返しやすく、形もきれいにできます。
卵は弱火でゆっくり焼くと、ふんわり仕上がります。

● 材料（つくりやすい分量）
卵…L2個（110g）
A ┌ 牛乳…20g
　├ 塩…1g
　└ こしょう
じゃがいも（長さ2cm、5mm角）…30g
玉ねぎ（薄切り）…30g
マッシュルーム（薄切り）…2個（10g）
酒…20g
塩…0.4g
無塩バター…5g
サラダ油…少々

● つくり方
1. ボウルに卵を割り入れ、箸でコシを切るように混ぜ、Aを加えて混ぜる。
2. 冷たいフライパンにサラダ油をひき、じゃがいも、玉ねぎ、マッシュルームを入れて油とよくからめる。
3. ②のフライパンを弱火～弱めの中火にかけて炒める。じゃがいもに火が通る（串が軽くささるくらい）まで炒めたら、酒を加え、ひと煮立ちさせてアルコール分を飛ばし、火を止める。塩をふって全体にまぶし、ふたをして5分ほど蒸らす。
4. 卵焼き器にバターをひき、③の具を入れて弱めの中火にかける。バターが全体になじんだら、①を加える。
5. 卵焼き器の底と鍋肌から中へ抱き込むようにゴムべらで混ぜる。卵が固まってきたら、混ぜるスピードを少し上げて、全体を半熟状にする。
6. 一度火から離して卵焼き器を傾け、卵を半面に寄せて厚みをつくり、形をととのえる。傾けたまま再度弱めの中火にあてて軽く焼き、様子を見て裏返し、軽く焼く。取り出して粗熱をとり、食べやすい大きさに切る。

☞ 中に入れる具は、卵と合わせる前に火を通し、塩味もつけておきます。卵焼き器を使うと、卵を片側に寄せて裏返せるのでおすすめです。

→ P.88のかぼちゃの煮物からの応用

煮卵

卵をゆで、温かいうちに調味液につけるだけ。
冷めていく間に味が入ります。

● 材料（つくりやすい分量）
卵…6個
　（または、うずらの卵5個で卵1個
　と同量の調味料）
削り節…5g
A ┬ 酒…90g
　├ しょうゆ…60g
　├ 砂糖…25g
　└ 酢…6g

● つくり方
1. 鍋に卵がしっかりつかるくらいの水を入れて強火にかけ、沸騰したら卵を入れて7分ゆでる（うずらの卵の場合は3分）。すぐに水にとり、殻をむく。
2. 小鍋にAを入れて中火にかけ、2分ほど煮立てる。
3. 2が熱いうちにポリ袋に移し、卵、削り節を入れる。空気を抜いて口を閉じ、そのまま水につけて冷ます（ときどき返す）。完全に冷めたら水から取り出し、1〜2晩冷蔵庫に入れて味をなじませる。

☞ かぼちゃの煮物と同じように、ポリ袋に煮立たせた後の調味液を入れ、卵をつけます。調味液が冷めるときに卵に味が浸透します。1〜2晩そのままつけておくと、味がしっかり入ります。

五目炊き込みごはん

鶏肉は先に焼き、味をからめたものを炊き込むと、
鶏肉のうまみも残り、炊き込みごはんの味もボケません。

卵焼き（P.98のつくり方参照）

ミニトマト

かぼちゃの煮物
》P.88

● 材料（つくりやすい分量）

米…300g
鶏もも肉…100g
A ┌ しょうゆ…5g
　└ 砂糖…5g
ごぼう…10cm（30g）
にんじん…2cm（30g）
しめじ…1/3パック（30g）
油揚げ…2/3枚（30g）

B ┌ 水…340g
　│ 酒…30g
　│ しょうゆ…15g
　│ 砂糖…5g
　└ 塩…4g
サラダ油…少々

● つくり方

[1]

米はさっと水洗いし、ざるにあげて水気をきる。

[2]

鶏肉は小さめのひと口大に切る。冷たいフライパンにサラダ油をひき、鶏肉を並べる。弱めの中火で焼き始め、油がフライパンの外にパチパチと勢いよく跳ね始めたら弱火に（肉が焼ける音はする程度に）落とす。余分な油が出てきたら、ペーパータオルで取り除き、鶏肉の厚みの半分まで色が変わったら裏返す。さらに10秒焼き、**A**を加えて汁気がなくなるまでからめる。

[3]

ごぼうはささがきにし、水に5分ほどさらして水気をきる。にんじんは3mm角に、しめじは1cm大に、油揚げは長さ2cm×5mm幅に切る。

[4]

土鍋（または炊飯器の内釜）に[1]、**B**を入れて混ぜ、[2]、[3]を広げ入れ、炊飯する。

☞ 土鍋で炊く場合は、鍋を強火にかけ、沸騰したら中火にし、15分ほど加熱します。水気がなくなっていたら火を止めて10分蒸らせばOKです。

ごはん・パン・パスタのお弁当

プロヴァンス風ごはん

玉ねぎは先に炒めて、うまみを米に吸わせて炊き込みます。
ドライトマトやオリーブの入ったピラフです。

焼き野菜 » P.78

かぼちゃのサラダ » P.94

鶏ハム » P.46

● 材料（つくりやすい分量）

米…270g
雑穀（市販のもの）…30g
玉ねぎ…1/4個（50g）
黒オリーブ（水煮）…7〜8個（25g）
ドライトマト…20g

A ┌ 水…360g
  │ 酒…50g
  └ 塩…5g

タイム…2枝
サラダ油…30g

● つくり方

1

玉ねぎはみじん切りにする。オリーブ、ドライトマトも粗いみじん切りにする。

2

鍋（ふたのできるオーブン調理可能なもの）にサラダ油をひき、玉ねぎを入れる。弱火にかけ、3分ほどじっくり炒める。

☞ 玉ねぎは頻繁に触ると余計な水分が出るので、弱火で焼くようなイメージで炒めます。

3

2に洗っていない米、雑穀を加えて30秒ほど炒める。

☞ 米は洗わず、吸水前に表面を油でコーティングしておくと、パラッとかために仕上がります。

4

Aを加えて強火にし、煮立ったらタイムを加えて火を止める。ふたをして、170℃に予熱したオーブンに入れ、17〜18分焼く。

☞ 炊飯器で炊くときは、3とA、タイムを内釜に入れ、普通に炊きます。

5

炊き上がったらタイムを除き、オリーブとドライトマトを加えて混ぜる。

ごはん・パン・パスタのお弁当

卵サンドイッチ

厚焼き卵をふわふわにするためには、弱火でじっくり焼くことです。
卵に生クリームを加えると、口あたりもよくなります。

野菜のマリネ 》P.80

ゆで野菜 》P.79

●材料（つくりやすい分量）

卵…2個（120g）

A ┬ 生クリーム…30g
　├ 砂糖…4g
　├ 塩…1.4g
　└ こしょう…適量

食パン（6枚切り）…4枚
サラダ油…適量
フレンチマスタード…適量

●つくり方

ボウルに卵を割り入れ、箸でコシを切るように混ぜ、Aを加えて混ぜる。

☞ 生クリームは泡立てたくないので、卵のコシを切るようによく混ぜたあとに加えます。

卵焼き器（18cm×14cm）にサラダ油を薄くひき、①の半量を流し入れて弱火にかける。

☞ 卵液を流し入れたら、ゆっくり混ぜて全体に均一に火を通すようにします。

表面の卵液が流れなくなったらゴムべらなどで少しほぐし、半分に折る。20秒ほど焼いて取り出す。残りの①で同じように卵焼きをもう1枚焼く。

☞ ゴムべらで少しほぐし、全体に熱が入ってから半分に折ります。

食パン2枚を1組にし、片方にマスタードをぬる。③の1枚をはさみ、バットなどをのせて形を落ち着かせる。パンのみみを切り落とし、適当な大きさに切る。もう1組も同様につくる。

冷製パスタ

冷製パスタにするなら、芯が残らないほうがおいしいので、
塩を入れない湯でゆでるのがコツです。

● 材料（つくりやすい分量）

ショートパスタ（好みのもの）…60g
パプリカ（赤・黄）…各1/4個（60g）
ズッキーニ…50g
ホールコーン（冷凍）…30g
玉ねぎ（薄切り）…50g
にんにく（つぶしておく）…1/2片（5g）
トマト（1cm角）…1/2個（100g）
ミニトマト（縦半分）…4個（60g）

バジル葉…2枚
オリーブオイル…40g

A
- 砂糖…8g
- 白ワインビネガー…8g
- レモン汁…5g
- 塩…4.4g
- こしょう…適量

● つくり方

1

パプリカ、ズッキーニは長さ3cmの短冊切りにする。

2

フライパンにパプリカ、ズッキーニ、コーンを入れてオリーブオイル30gをからめる。弱火にかけ、7〜8分炒める。

 野菜を弱火でじっくり焼くと、甘みを引き出すことができます。

3

別のフライパンに玉ねぎ、にんにくを入れてオリーブオイル10gをからめ、弱火にかけ5〜6分炒める。トマトを加え、とろっとするまで煮詰める。

4

鍋にたっぷりの湯を沸かし、パスタを表示通りにゆでる。ざるにあげ、水気をきる。

 パスタを芯までゆでたいときは、塩を入れない湯でゆでます。そのほうが味のしみ込みもよくなります。

5

ポリ袋に2、3、ミニトマト、バジル、Aを入れ、4を加える。空気を抜いて口を閉じ、水につけて冷ます。完全に冷めたら、冷蔵庫でよく冷やす。

食材別 INDEX

食材から、その食材を使った料理を紹介しているページがわかります。

肉

[豚肉]
22 アスパラの肉巻き照り焼き
23 いんげんとゆで豚のごまあえ
20 いんげんの肉巻き
31 酢豚
28 とんかつ
30 とんてき
27 豚肉と小松菜のハニーマスタード炒め
26 豚肉となすのピリ辛炒め
24 豚肉と野菜の中華炒め
18 豚肉のオレンジソース
16 豚肉のしょうが焼き
19 ポークピカタ

[鶏肉]
102 五目炊き込みごはん
42 チキンソテー
50 手羽先の甘辛焼き
45 鶏肉とカシューナッツ炒め
49 鶏の唐揚げ
44 鶏の照り焼き
46 鶏ハム
97 春雨サラダ
48 バンバンジー

[牛肉]
54 牛肉の黒こしょう炒め
55 チンジャオロースー
52 肉じゃが

[ひき肉]
41 キーマカレー
37 シュウマイ
38 鶏そぼろ
34 ハンバーグ
40 麻婆豆腐
36 ミートボール

魚介

[あじ]
68 あじフライ

[えび]
70 えびフライ
72 えびとブロッコリーの炒め物

[鮭]
65 鮭のソテー
62 鮭のピカタ

[さば]
66 さばのみそ煮

[さわら]
64 さわらの幽庵焼き

[ぶり]
60 ぶりの照り焼き

[ほたて]
71 ほたてのごま揚げ

[桜えび]
98 桜えび入り卵焼き

野菜

[いんげん]
23 いんげんとゆで豚のごまあえ
90 いんげんの白あえ
20 いんげんの肉巻き
96 豆のサラダ
79 ゆで野菜

[かぼちゃ]
94 かぼちゃのサラダ
88 かぼちゃの煮物
78 焼き野菜

[絹さや、スナップえんどう]
79 ゆで野菜

[きのこ類（エリンギ、しいたけ、しめじ、マッシュルーム）]
84 小松菜の煮びたし
102 五目炊き込みごはん
100 スペイン風オムレツ
85 ひじきの煮物
78 焼き野菜
80 野菜のマリネ

[キャベツ]
24 豚肉と野菜の中華炒め

[きゅうり]
97 春雨サラダ
48 バンバンジー

[グリーンアスパラガス]
22 アスパラの肉巻き照り焼き
79 ゆで野菜

[ごぼう]
86 ごぼうとれんこんのきんぴら
102 五目炊き込みごはん

[小松菜]
84 小松菜の煮びたし
27 豚肉と小松菜のハニーマスタード炒め

[さつまいも]
92 さつまいもの煮物
78 焼き野菜

[ししとう]
78 焼き野菜

[じゃがいも]
100 スペイン風オムレツ
52 肉じゃが

[ズッキーニ]
78 焼き野菜
80 野菜のマリネ
108 冷製パスタ

[セロリ]
18 豚肉のオレンジソース
41 キーマカレー

［ 大根 ］
82 大根とにんじんの煮なます
［ たけのこ ］
55 チンジャオロースー
［ 玉ねぎ ］
41 キーマカレー
54 牛肉の黒こしょう炒め
37 シュウマイ
31 酢豚
100 スペイン風オムレツ
45 鶏肉とカシューナッツ炒め
52 肉じゃが
34 ハンバーグ
27 豚肉と小松菜のハニーマスタード炒め
16 豚肉のしょうが焼き
104 プロヴァンス風ごはん
96 豆のサラダ
36 ミートボール
80 野菜のマリネ
108 冷製パスタ
［ トマト、ミニトマト ］
80 野菜のマリネ
108 冷製パスタ
［ なす ］
26 豚肉となすのピリ辛炒め
［ にんじん ］
41 キーマカレー
102 五目炊き込みごはん
31 酢豚
82 大根とにんじんの煮なます
93 にんじんのナムル
85 ひじきの煮物
24 豚肉と野菜の中華炒め
79 ゆで野菜
［ パプリカ ］
54 牛肉の黒こしょう炒め
78 焼き野菜
80 野菜のマリネ
108 冷製パスタ
［ ピーマン ］
31 酢豚
55 チンジャオロースー
45 鶏肉とカシューナッツ炒め
24 豚肉と野菜の中華炒め
［ ブロッコリー ］
72 えびとブロッコリーの炒め物
79 ゆで野菜
［ ホールコーン ］
108 冷製パスタ
［ もやし ］
48 バンバンジー
24 豚肉と野菜の中華炒め

［ ヤングコーン ］
79 ゆで野菜
［ れんこん ］
86 ごぼうとれんこんのきんぴら

卵

［ うずらの卵 ］
101 煮卵
［ 卵 ］
98 桜えび入り卵焼き
62 鮭のピカタ
100 スペイン風オムレツ
106 卵サンドイッチ
101 煮卵
97 春雨サラダ
19 ポークピカタ

豆腐・そのほか

［ 油揚げ ］
84 小松菜の煮びたし
102 五目炊き込みごはん
85 ひじきの煮物
［ 豆腐 ］
90 いんげんの白あえ
40 麻婆豆腐
［ カシューナッツ ］
45 鶏肉とカシューナッツ炒め
［ 黒オリーブ ］
104 プロヴァンス風ごはん
［ すだち ］
64 さわらの幽庵焼き
［ 春雨 ］
97 春雨サラダ
［ ひじき ］
85 ひじきの煮物
［ 干ししいたけ ］
37 シュウマイ
［ ドライトマト ］
104 プロヴァンス風ごはん
［ レーズン ］
94 かぼちゃのサラダ
［ 豆 ］
96 豆のサラダ
［ 米、雑穀 ］
102 五目炊き込みごはん
104 プロヴァンス風ごはん
［ ショートパスタ ］
108 冷製パスタ
［ 食パン ］
106 卵サンドイッチ

水島弘史
Hiroshi Mizushima

フランス料理シェフ・料理科学研究家

大阪あべの辻調理師専門学校および同校フランス校卒業後、フランスの三つ星レストラン「ジョルジュ・ブラン」で研鑽。帰国後、都内の有名フレンチレストランにてシェフを務めたのち、恵比寿にフレンチレストランを開店（2009年4月まで営業）。現在は、「水島弘史の調理・料理研究所」を主宰。料理教室や書籍などで、科学的調理理論を取り入れたプロの料理テクニックを指導しながら、大学・企業の研究所にデータを提供、新メニューの開発や調理システムのアドバイスも行なう。主な著書に『だまされたと思って試してほしい料理の新常識』（宝島社）、『弱火コントロールで絶対失敗しない料理』（幻冬舎）などがある。

撮影	松本祥孝
スタイリング	吉岡彰子
デザイン	吉村 亮＋眞柄花穂（Yoshi-des.）
編集協力	石田純子

科学的だからおいしい！
お弁当のコツ

2017年10月20日　第1刷発行

著　者　水島 弘史
発行者　中村 誠
印刷所　株式会社　光邦
製本所　株式会社　光邦
発行所　株式会社　日本文芸社
　　　　〒101-8407　東京都千代田区神田神保町1-7
　　　　TEL 03-3294-8931（営業）　03-3294-8920（編集）

Printed in Japan 112171005-112171005 Ⓝ 01
ISBN978-4-537-21522-9
URL http://www.nihonbungeisha.co.jp/
©Hiroshi Mizushima 2017

乱丁・落丁などの不良品がありましたら、小社製作部宛にお送りください。送料小社負担にておとりかえいたします。法律で認められた場合を除いて、本書からの複写・転載（電子化を含む）は禁じられています。また、代行業者等の第三者による電子データ化及び電子書籍化は、いかなる場合も認められていません。

（編集担当：前川）